撮りたくなるハワイ

近藤純夫

亜紀書房

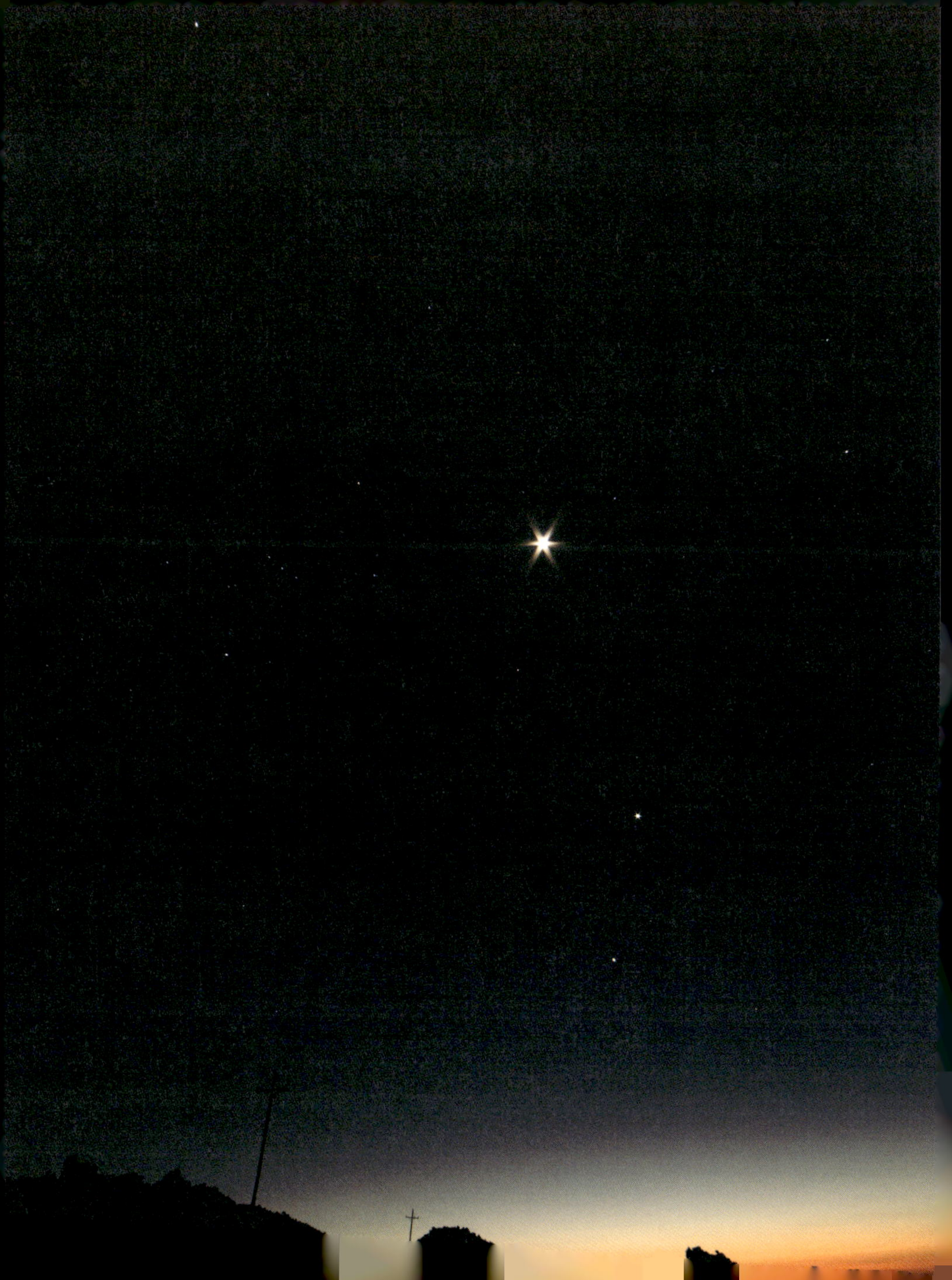

cf. P.159

撮りたくなるハワイ

はじめに

ハレマウマウ火口の縁で、
さまざまな人たちが噴き上げる溶岩を見つめている。
初めてそのような光景を目の当たりにするのだろう、あちこちで歓声が湧く。
しかしいつか、周囲に静寂が広がった。
彼方のマウナ・ロアを舞台に、
オレンジ色の残照が天空を彼方まで染め上げたのだ。
だれもが言葉を忘れて見とれ、ぼくもカメラのことなど忘れて魅入った。
しばらくして心地よい脱力感に浸った。
美しさは力だ。
天界からのメッセージを聞くように、だれもが光を見つめる。
火の女神ペレの信仰は、このような体験の積み重なりなのかもしれない。
早朝の海の輝きや、日没と残照、満天の星、迫りくる溶岩が、風景とさまざまに絡み合って特別の出会いを演出する。
どのようなとき、どのような場所にそれが出現するかは、
それなりの理由がある。だから状況を考え先回りすることもある。
しかしどれほど情報を積み重ねても、ときに想像を超える出会いがある。

ハワイでの出会いを振り返って感じるのは、
景色は人の思いによって印象を変えるということだ。
写真を撮るのはメカニカルな行為に見えるけれど、
撮る者の気持ちのありかたで結果は変わる。
だから撮影時のカメラの設定に絶対的な法則はない。
ときに感動が勝り撮影を行わないこともあるが、
取り損ねたという気持ちより、満ち足りた気分が強い。
景色とは、自分の五感が取りこむ感性のようなもので、
カメラで切り撮るというより、
包みこまれるような感覚のなかでシャッターを押す。
本書の写真を通じ、その感覚を少しでも共有していただければ幸いだ。

写真が誘うハワイ

足繁くハワイを訪れるようになったのは写真によるところが大きい。初めのうちは単なる記録でしかなく、記録は復習のためだったが、ときに撮影目的以外のことに気づかされることがあった。野鳥を撮ったつもりが、そのかたわらに写っている花が希少種だったとか、現場では気づかなかった景色の特徴に気づくこともあった。

知識や情報が少ないと現場の詳細なことはつかめないと思っていたが、足りない部分を、撮影した写真が補ってくれた。そのうち、課題を持ってハワイを訪れるのが楽しくなり、撮影についても計画的に進めるようになった。

最初の撮影地はオアフ島だった。ワイキキはよく知っているので周辺の町や自然を見て回った。撮りためた写真を見ていると、新しい課題が浮かんでくる。以前は見落としていたことに気づかされるのだ。結果として物事を多角的に見る訓練ができたと思う。やがて、ワイキキでさえ未知の世界であることを知らされた。どのようにしてビーチはできたのか？　過去と現在とではどのような違いがあるのか？　わからないことが次々と出てきて、その度に博物館や図書館、書店へ出かけた。それもまた楽しかった。

歴史や文化、生育する動植物に違いがあることがわかると、今度は島ごとの違いが気になりはじめる。そのようなステップを経て、北はカウアイ島から、南はハワイ島まで諸島全域に撮影対象が広がっていった。

写真にはもうひとつの魅力がある。心象風景として感じたものを作品として表現できることだ。とくにハワイでしか体験できないものに心が動いた。ハワイ島では止むことのない溶岩の活動や天空の星々であり、カウアイ島では希少な花や野鳥などだ。

ハワイとの永い付き合いのなかで撮影の仕方が少しずつ変わった。目で捉えた情報ではなく、心が受け取るものを表現したいと思うようになった。その思いを、写真と文章を通じて伝えられれば嬉しい。

目次

ハワイ島

Chapter 4

HAWAIʻI

Chapter 5
MOLOKA'I
LANA'I

Me ke Aloha Pumehana

心より、アロハをこめて

Chapter 1

O'AHU

オアフ島

オアフ島について

E pili ana O'AHU

この島はワイキキのイメージが強いが、
よく知られていない場所は意外に多い。
路地裏に入ると王朝時代の建物が
隠れていたり、埃《ほこり》を被ったような商店に
絶版となっていた本を発見したりする。
珍しいフルーツを売る店、
高速道路の陰に隠れた植物園、
トンネルを抜けた先に出現する
プライベートビーチ。探索はいまも続く。

カイムキのような古い商店街を
覗くのもおもしろい。
老シェフが腕を振るう店での食事は
一期一会だ。彼と同じ世代の常連客を

紹介してもらうと、話は半世紀前の
ホノルルのことであったりする。
当時の物語が、いま扉の外で起きて
いるかのように語られる。けっして
雑誌には載らない特集のようなものだ。

宿泊先のホテルからは何が見えるだろう？
見落としているものはないだろうか？
パーシャルオーシャンビューという言葉は
知っていても、貿易風がつくりだす
雲の流れを知っているだろうか？
目の前に広がるコオラウの山々に
登ってみよう。ワイキキの街と山との間に
雨のカーテンを見つけて驚き、
何度も架かる巨大な虹に驚かされるはずだ。
知られざるハワイがそこかしこに潜む。

ワイキキの東外れにある戦勝記念プール脇で日没を眺める。施設は廃墟同然で寂しさが漂う

語り継がれる歴史

ワイキキの情報は世の中にあふれているけれど、フラを除くなら伝統文化や自然の情報はそれほど多くない。観光客の期待にはしっかりと応えてくれるが、ハワイの原点とも言うべき事柄はほとんど知られないままだ。情報を伝える側も知識が少ないからその手の質問には答えられなかったりする。そんなときは脚を使って調べるようにしている。

ワイキキとは「湧き出る水」のこと。その昔、ここはコオラウの山々の裾野から海まで広がる大湿地帯だった。静寂をかき乱すのは雨風や野鳥の鳴き声くらいだっただろう。ポリネシア人が大挙してハワイ諸島に移住した当初も、ワイキキは疎《まば》らに建物があるだけの、のどかな土地だった。

マイリクーカヒという人物が王となった時代に、ワイキキはオアフの拠点となった。彼の6代後に王となったカークヒヘヴァはこの土地で超自然的な現象を目の当たりにしたという。パロロ溪谷（マノア溪谷の東隣り）の上手《かみて》にあるカアウ地区から飛来したカアウヘレモアという神秘の鳥が大地を激しく削り取ったのだ。カークヒヘヴァはその場所に1万本以上のココヤシを植え、ヘルモア（鳥の傷跡）と名づけた。さらにカハハナというヘイアウ（神殿）を建て、ここを聖地としたのだった。のちにロイヤル・ハワイアン・ホテルの敷地となり、ココヤシの林はいまも歴史を伝えつづけている。

　世界の人々が移り住むようになった19世紀末になると、ワイキキには大規模な開発計画が持ち上がり、今日のワイキキ・リゾートが出現した。しかし、聖地は他にも残る。ヘルモアのさらに先にカヴェヘヴェへと呼ばれる場所がある。遠浅の海に淡水の入りこむ冷たい一画があるのだ。この場所に体を浸けると病が癒《い》えたり軽くなったという。患者はリム・カラ（海草）のレイを身につけて海に浸かり、罪の許しを乞うた。病は罪の結果だと信じられていたからだ。リム・カラは罪の象徴であり、祈りの後、海に流した。

　今日に伝えられる物語を同じように理解することはできないし、受け取る自分の価値観も異なる。ただ、土地の魅力とは脈々と受け継がれた自然環境と文化がつくり上げたものであるなら、感じる何かがあると思う。ワイキキでそんな歴史にひととき思いを馳せるのも悪くない。

手前にカハラ、奥にワイキキが控えているとは思えない静寂のビーチ。残照を堪能できる

ワイキキ・ホロホロ(散策)

ワイキキでローカルな気分に浸りたいときはダイヤモンドヘッド・ビーチへ出かける。ホノルルマラソンの名物坂は、運動不足の身には少し堪《こた》えるが、10分も歩くと見晴らしのよい場所に出る。

赤い帽子が目印のダイヤモンドヘッド・ライトハウスは19世紀最後の年に建てられ、いまから百年前に建て替えられて今日に至る。長い歴史を刻んできたのだ。1980年に国家歴史登録材となってからは簡単には入れなくなった。さらに残念なのは、灯台守が消えたことだ。GPSでピンポイントに場所がわかる時代となったが、灯台には人がいてほしい。そしてぶらりと訪ねる旅人の話し相手になってくれれば、これほど贅沢な体験はない。

灯台を過ぎて少し先を海側に降りると、細長いビーチが現れる。地元サーファーのご用達ともいえるダイヤモンドヘッド・ビーチパークだ。到来する雨や風、そして波が永い時間をかけてダイヤモンドヘッドの山麓を少しずつ削り取り、細長い砂浜と遠浅の海をつくりだした。風と潮流の関係もあり、ビーチ前の海にはよい波が立つ。しかし海底にはサンゴ礁があるのでこの海を知らない人には向かない。ここに集まるのはほとんど地元のサーファーたちなのだ。道路脇には凹んだりペイントの剥《は》げた年季物のピックアップが並んでいるが、連中はみな海のなか、ビーチは思いのほか静かだ。

気が向いたときは砂浜を歩く。サーファーは海の向こうだが、犬の散歩をする人たちがいて、顔なじみを見つけてはなにやら話し込んでいる。どことなく日本の朝の風景を思い起こさせる。みなカジュアルというよりくたびれたと言ったほうがいいような身なりでどっしりと砂浜に腰を据えている。

砂浜を東へ向かってさらに1・5キロメートルほど歩くと、カハラ地区のワイアラエ・ビーチパークに至る。カハラという土地柄、くたびれた恰好では場違いかと思ったが、ここは地元の家族連れがバーベキューをしたりボール遊びをするようなところで、夕暮れともなると訪れる人も疎《まば》らとなる。しかし、宵闇が近づくとその本領を発揮する。風と波音が行き交うばかりの静寂のなかで、刻々と色を変えるサンセットはワイキキに勝るとも劣らない。そしてこの贅沢を、たいていは独り占めできるのだ。

左手前からココヘッド、ハナウマ湾、ココクレーター。ホノルルは火山銀座だった

ココヘッドを歩く

ダイヤモンドヘッドを過ぎてさらに東へ向かうと、ココヘッドと呼ばれる火山が現れる。いまではクレーターの形さえはっきりとしない小さな山だが、景色の素晴らしさは、手前のダイヤモンドヘッドや、奥のココクレーターに勝る。北の住宅街から登ればわずか30分ということもあり、夕方に近くを通るときはたいてい寄り道をするが、ハナウマ湾をはさんで対岸にあるココクレーターとは対照的に人が少ない。

ある日、いつものように景色を眺めながらゆっくり登っていると、オフロードバイクの一団がやってきた。ぼくの近くで速度を落とし、笑顔を見せたり手を挙げたりしてとてもアロハな感じの少年たちだったから、こちらも笑顔を返して見送った。ところがそれから10分ほどすると、再びエンジン音がした。振り返って驚いた。なんとパトカーが登山道を上ってくる。ぼくの傍らに止まり、少し前にバイク集団が通らなかったかと聞いてきた。お巡りさんもアロハな感じだったが、こんなところで追いかけっこがあるとは。ちょっと笑ってしまった。

ココヘッドの火山活動はいまから10万年ほど前に起きたと言われる。流れ出した溶岩が現在の形となったのは約4万年ほど前。小規模な溶岩の噴出はその後も続き、7000年ほど前に終息したという。オアフ島の誕生が約350万年前であることを考えるなら、この島は海上に姿を現してからのほとんどを噴火とともに過ごしてきたことになる。

ココヘッドの山頂直下はクアモオカーネといい、石を積み上げた簡素な祭壇の跡がある。ハワイの伝統社会では重要な場所だったらしい。事実、王国の誕生後、カメハメハ1世はすぐにこの一帯を自分のものとした。

山頂の南麓にはノノウラと呼ばれる盆地が広がる。かつてクレーターだったところで、ノノにもウラにもハワイ語で「赤い」という意味がある。クレーター内の溶岩はハワイ諸島に一般的な玄武岩ではなく凝灰岩に覆われているので、周囲に較べて明るく赤く見えたのかもしれない。神話では、このクレーターは火の女神ペレがつくったとされる。例の少年たちはここへ向かったはずだが、その後、彼女の罰が下ったかどうかは聞き逃してしまった。

ヌアヌ・パリから見下ろす北海岸。カメハメハ１世がこの崖にオアフ軍を追いつめた戦地でもある

ヌウアヌの森

オアフ島に住むとしたら街なかではなく、緑の多い土地がいい。ホノルルの街の背後にはコオラウ山脈の深い森が迫り、都会の喧噪は届かない。眼下にワイキキを見下ろす山麓の土地は朝夕に鳥の声が響きわたり、山を流れ下る湿った風が花や木々を瑞々しく保つ。ここに数日滞在したことがあるが、早朝は肌寒いほどで、エアコンなど必要はない。

集落はマノアからマキキを抜け、尾根を隔てたヌウアヌへと続く。ヌウアヌは、コオラウを南北に貫くパリ・ハイウェーの南側に位置し、尾根がつくりだす不安定な気流のせいで目まぐるしく天候が変わる。そんな天気を神の采配と考えたのか、歴代の王はここを聖地とし、王家の霊廟や別邸を造った。

ヌウアヌの森には原生の自然が広がるように見えるが、そのほとんどが外来種で、かつての景観は失われている。一見そう見えないのは、ほとんど管理が行われていないからだろう。マノアの森が昼なお暗いのはそのせいだ。

しかしヌウアヌのトレイルは様相が異なる。

この地域を代表する場所にジャッド・トレイルがある。周辺は19世紀末から植林と間伐が行われてきたので風通しがよい。とくにしっかり間伐されたクックパインの森は、足下が落葉に覆われ、ハワイとは思えないゆったりとした景観が広がる。

このトレイルを朝夕のちょっとした時間に歩くことがある。入口はヌウアヌ川の脇にあるのだが、車を停めるときには注意を払う。川の周囲に多くの野鳥が集まるのだ。それが楽しくて野鳥観察に時間を取られ、トレッキングをせずに戻ることもある。

ヌウアヌを峠まで登りつめると、いまは廃道となったオールド・パリ・ロードがある。ここから北側の景色を一望できるが、絶えず吹き抜けるものすごい風のせいで、人を寄せつけない迫力がある。いまから200年ほど昔、カメハメハ大王はハワイ諸島を制覇するためヌウアヌに攻めこんだが、降伏を拒んだオアフ軍の兵士たちは、次々とヌウアヌの崖から飛び降りて死んだ。風の強さには科学的な裏付けがあるが、黒雲の広がる空は、オアフを攻略された軍人たちの怒りと哀しみが塗りこめられているようにも見える。

オアフ島のピコ（へそ）と言われるクーカニロコ。王族はこの地で出産しマナ（霊力）を授かった

クーカニロコと神々のまどろみ

ハワイでは島の中心をピコ（へそ）と呼ぶ。オアフ島のピコはワヒアヴァにあるクーカニロコで、ここには出産に用いたとされる巨石がある。この石の上で出産すると、赤ん坊には強いマナが与えられた。マナとは霊的な力のこと。マナを授かるクーカニロコは神とつながる重要な場所だった。

別の見方もできる。クーカニロコとはハワイ語で「出産の痛みを和らげる」という意味がある。当時の出産はリスクが高く、母子ともどもに健康であることを祈願する意味合いがあったのかもしれない。

いずれにしても、巨岩にマナが込められていると人々が信じた背景には火山活動があるように思う。ハワイ島の火山噴火から火の女神ペレの信仰が生まれたように、溶岩の持つパワーを目の当たりにした人々は、巨石には神につながるエネルギーが封じこめられていると信じたのかもしれない。その後、クーカニロコにはホオロノパフ・ヘイアウ（神殿）が建立された。

いまは立ち入りを制限されているクーカニロコだが、ここを訪れるとなぜかいつも虹が出る。ワヒアヴァと呼ばれるこの一帯は彼方までパイナップル畑が広がるが、地形的に気候が不安定で雨が降ったり止んだりすることが多い。虹はそのせいでよく出現するのだ。伝統社会ではそれを天の兆しと信じたのかもしれない。

オアフ島では、マイリクーカヒやカークヒヘヴァといった身分の高い人々は、ワイアルアの北に位置する海岸沿いの土地に住んだ。彼らはクーカニロコを支配下に置くため、幾度となく戦《いくさ》を行なった。しかし時代が下り、ハワイ王国が世界に開かれると、入植者たちはこの地を開墾してしまった。ヘイアウは破壊され巨石は半ば土に埋もれたのだった。

その後、クーカニロコはアメリカの国家歴史登録材となり、1992年には州立公園に指定された。天文学者たちは、クーカニロコに残る石がイギリスのストーンヘンジと似ていることに気づいた。となると、この場所は出産だけでなく、天体の動きを観測するために用いられた可能性も出てくる。マナはたしかに存在して人々に力を与えたのだろうか。いずれにせよ、言葉では説明できない何かがこの土地に働いたに違いない。

(右) 聖アンドリュース教会大聖堂の巨大ステンドグラス。聖者とともにカメハメハ４世とエマ女王が描かれている　(左) ホノルルの街を驟雨が駆け抜け、信号待ちの車列の先に大きな虹が架かった

Like Like
DRIVE INN
SAIMIN

ホノルルに刻まれる時間

アロハタワーを訪れると人の少なさに驚かされる。北側に広がる官庁街の賑わいとは対照的と言っていい。かつてホノルルの玄関口として知られたこの地区はさびれるばかりだ。ただ、寂しさはあるものの、これでよい気もする。そもそもホノルルとは、ハワイ語で「静かな（護られた、凪《な》いだ）湾」という意味なのだから、本来の状態を取り戻しつつあると考えることもできる。

建国前のホノルルはポリネシアの島々ならよくありそうなひなびた漁村だった。ポリネシア人がこの地に入植したのは12世紀頃と言われる。そして18世紀末にハワイ王国が誕生するまではクーローリアと呼ばれた。ハワイ語で「永い付き合いの友」といった意味だ。

ジェームズ・クック亡き後、18世紀末にこの地を訪れたウイリアム・ブラウンはアロハタワーの一帯を「フェアー・ヘブン（美しい港）」と命名したが浸透せず、彼の名を取ってブラウン・ハーバーとも呼ばれた。つまり、この時点でもホノルルの名はなかったことになる。それ以降、だれがこの名を付けたのかについてはいまだに謎だ。

その後、アロハタワーの裏手には多くの歴史ある建物が出現した。イオラニ宮殿をはじめ、州庁や市庁舎、カヴァィアハオ教会、聖アンドリュース大聖堂、ワシントンプレイスなどがひとつところに集まっている。ただしそれぞれ時代は異なり、建物のコンセプトも異なる。ハワイ王国が誕生してすぐに建てられたものもあれば、予算の都合で定礎から完成まで90年以上を費やしたものもある。使用された材料にも違いがあって、ハワイ産にこだわった建物もあれば、ヨーロッパの伝統に執着したものもある。州庁舎はコンクリート素材で現代的だが、実はハワイ諸島を表現している。いずれも歴史的に価値のある建築物だが、相通ずるコンセプトはない。共通なのは、この地域にあるということだけで、それぞれが独自の時間を刻んでいる。

オアフ島はギャザリング・プレイス（世界中から人々が集まるところ）と呼ばれるが、これらの建物を巡ると、ホノルルという街が世界の文化を積み上げながら独自の文化を築き上げてきたことがよくわかる。

ホノルル空港に降り立つと、海の輝きと背後の山の連なりを見て、リゾート地に着いたという気持ちがふつふつと湧いてくる。ところが帰国の空港では、同じ場所がコンクリートだらけの殺風景なものに見えてしまうことがある。ハワイの空気に体が馴染むと、自然に対する期待がさらに深いものになるからだ。朝日が射しこむ洒落たラナイで完璧なコンチネンタルブレックファーストを食べるのは身も心も幸せにしてくれるが、毎日続くとローカル・フードを求める自分がいる。滞在が長くなるにつれて地元のものが体に馴染むようになるのだ。わずかな滞在では感じられないかもしれないが、雑誌に載る場所をトレースするのではなく、自分の感性を信じて歩くことにしている。ときには失敗もするが、それもまた楽しい。

Chapter 2

KAUAʻI

カウアイ島

カウアイ島について

E pili ana KAUAʻI

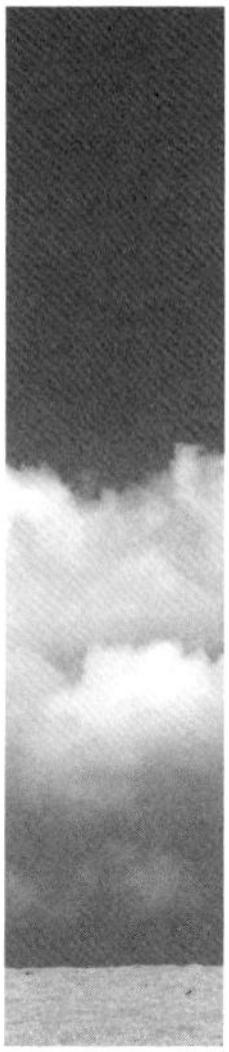

この島の魅力は、豊かで深い自然にある。
では、朴訥とした土地なのかといえば
そうでもない。
ここではハワイ島のような星空を
望めないし、溶岩の迫力にも縁がない。
しかし、大地からの恵みはどの島にも勝る。
ハワイ諸島に固有の動植物は、
この島が抜きん出て多いので、
季節を変えながら同じ森を訪れている。

とはいえ、自然の奥深さは、
大地の浸食の裏返しでもある。
カウアイ島は地質学的には
すでに老境に差しかかり、

少しずつ地上の楽園を失いはじめている。
雄大さを売りものにするワイメア渓谷や
ナパリ・コーストは、老人に喩えるなら、
深いしわのようなものだ。

この島では、悠久の時の流れを辿る。
複雑な連なりの崖、深く切れ落ちた渓谷、
赤茶けた大地、養分の少ない森、
ハワイ諸島では珍しい大河。
いずれも他の島ではあまり目にしない。
何百万年という時の流れが溶岩の上に
土壌をつくり、豊かな森を育んできた。
諸島に分布する鳥や花の多くは、
この島から移り住んだことが知られている。
一方で浸食はさらに進み、やがてカウアイ
はどの島よりも先に海に没する。

海から望むカララウ渓谷。かつて周囲から流れる豊かな水を利用したタロイモの大水田があった

森の女神とケエ・ビーチ

ハワイの伝統社会では、アクセスが悪く、人の近寄りがたい場所は神の領域とされることが多かった。ケエ・ビーチもそのひとつで、今でこそ車で簡単に行き着けるが、かつては人を寄せつけない深い森だった。この海岸近くの、海を望む高所に、フラの女神として崇められるラカのハーラウ（フラの修行所）の跡と、女神を祀ったカ・ウル・オ・ラカ・ヘイアウがある。近くには火の女神ペレがつくったと言われるワイ・カナロア洞窟もある。

ハワイの聖地を訪れ、それを体感することは悪くない。しかし管理されていない場所は往々にして荒らされる宿命にある。２０１７年にはオアフ島の聖地のひとつであるクーカニロコが立ち入り禁止となった。伝統文化をリスペクトする人にとっては悲しい措置だ。ケエ・ビーチもさまざまな手段で無法者の排除を行なっているが、限界だと判断されたらクーカニロコと同じ命運を辿るかもしれない。

フラの聖地が重要だったのは、他にも理由がある。この森の先にカララウ溪谷へと続くトレイルがある。かつては収獲したタロイモを運搬する街道だった。道は、ナパリの断崖を縫って延びる。右手は海まで削ぎ落とされ、左手の絶壁は天高くそびえ立つ。激しい起伏は、海側から押し寄せる湿った風がつくりだしたものだ。浸食を受けて鋭く尖った岩峰はワイニハ・パリ「陰鬱な（機嫌の悪い）水」と呼ばれる。絶え間ない雨のせいで人の行き来が阻まれてきたからだろう。ワイニハの先には世界有数の豪雨地帯であるアラカイ湿原がある。

カララウ・トレイルの終点にはハナカーピーアイ川とビーチがある。ケエからこのビーチに至る海岸線でなだらかな地形を形づくるのはハナカーピーアイ川の上流部しかない。この地でタロイモを栽培する人々は崖沿いの悪路を往来する他なかった。悪天ともなると道の状態は悪化する。何度か歩いたが、雨中はもちろん雨後も危険なほど滑りやすい。

ハナカーピーアイとは「食べ物が豊かに収穫できる湾」という意味を持つ。街道の入口にあるラカのハーラウとヘイアウは、集落の人々の安全祈願を兼ねていたのかもしれない。フラの女神ラカは、森の女神でもあった。

人工のような円柱形の空間は、川から流れ下る石がつくりだした天然の秘密基地だ

ナパリの岩を刻む

島の北西部に広がる断崖はナパリ（連なる崖）と呼ばれる。その名のとおり屏風状の岩が30キロメートルほど続く。風雨による深い浸食が見事な景観をつくりだしたが、岩はとても脆《もろ》い上に、海岸線のほとんどが聖地とされるため、上陸できない場所もある。

このような断崖は他の島でも見られる。オアフ島のコオラウ山系やモロカイ島のカマコウ山北麓、マウイ島のハナに至る北海岸はいずれもナパリによく似ている。ハワイ諸島のすべては貿易風によって北東面に風雨が集中し、島々を浸食して急峻な崖を削り出してきたからだ。

激しい風雨はさまざまな造形を生んだ。なかでもブライト・アイと呼ばれる巨大なスカイホールはカヌーイストしか近づけない秘境中の秘境だ。初めて円柱状のたて穴を見たとき、人の手によって造られたように見えたが、これは甌穴《おうけつ》の一種で、自然がつくり上げたものだ。

甌穴とは、地表から流れ落ちてきた水が凹部に入り、行き場を失って回転をはじめることで生じる。水流に含まれた小石が、洗濯槽のように回転して周囲を削りつづけることで穴が誕生するのだ。前掲写真でいうと右上の陰になった部分に外海との通路があり、内部のホールとつながっている。冒険好きなら秘密基地という言葉が思い浮かぶだろう。海路でここを訪れたこともあるが、予想を超えて波が荒く、長居したいとは思わなかった。

ナパリの西の端にはポリハレ・ビーチが広がる。ここはハワイ諸島の最果てであり、神々が黄泉《よみ》の国に出入りするところだとされる。カウアイ島の南西部は不毛の大地が続き、最奥部に位置するポリハレは滅多に人が訪れない場所だった。

このビーチには鳴き砂という別名がある。伝承によれば、自らの命も省みず、洋上の主人に嵐の危険を伝えるため鳴きつづけて死んだ飼い犬の声だとされる。また、海岸の端にある崖はハエレエレと呼ばれ、ハワイ人の魂はここから飛び降りて祖先の神々と合流すると信じられた。

ポリハレ・ビーチへの道は今日でも悪路だ。長いダートと、その後に待ち受ける砂地は、好奇心だけで近づくなと警告しているように見える。

ハナレイにあるハワイ諸島最大のタロイモ水田。ここに生息する昆虫類を狙う野鳥の楽園でもある

タロイモが伝える文化

北海岸を西へ走りプリンスビルを過ぎると、彼方まで続くハナレイの農地が現れる。日本の稲作地帯とよく似たカロ（タロイモ）の水田で、1000年以上も前から連綿と受け継がれてきたものだ。淡水を確保するのが難しいハワイ諸島で、これだけの規模の水田を維持できるのは、背後にそびえるワイアレアレ山の存在による。この山の頂《いただき》周辺は世界でも有数の多雨地帯で、降雨量は年間1万ミリを超える。

この水田を利用するのは農家だけではない。昆虫や、それらを狙ってやってくるネネ（ハワイガン）やアラエケア（バン）、アマサギなどの食物源ともなっている。日本の里山とよく似た自然環境がここにある。

ハワイの住人はいまもカロを主食のひとつとしている。ポイと呼ばれるプリン状のものがメインだが、パンや菓子類などもあって消費量は多い。

ハナレイとは一帯の総称で、東から西へかけてハナレイ、ワイオリ、ワイパーという3つの農地がある。ハナレイは機械を導入して一般流通用のカロを大量生産しているのに対し、ワイオリは伝統農業の検証を目的としている。そのため古い品種を少量ずつ植え、手作業で収穫する。ワイパーは水田の他に養魚池があり、ハワイの伝統文化を体験学習する総合施設となっている。

この土地には意外な過去がある。19世紀初頭にロシアが実効支配していた時期があったのだ。まだカメハメハ大王の支配が及ばなかった頃のこと、カウアイ島の首長だったカウムアリイは、ロシアの力を借りてカメハメハ軍勢の脅威を取り除こうとした。しかし期待も虚しくロシアはカウアイ島から撤退し、王の夢は潰《つい》えてしまった。ロシアが実効支配を続けていたなら、ハナレイは「カウアイ王国」の首都になっていたのかもしれない。

意外なことはもうひとつある。ハナレイ湾に延びる桟橋は、かつて蒸気船の寄港に利用されたが、出荷したのはカロではなく、米だった。桟橋は米の出荷のために、1890年代に建造されたものだ。1920年には現在のコンクリート製の橋となったが、このときもまだ米の出荷用だった。米が表舞台から姿を消したのは1933年のこと。米の生産に幕が下りたのは、安い輸入米がカリフォルニアから入ってきたためだ。

ワイメア海岸では空が鮮やかに染まり見事な残照を楽しめる。水平線にはニイハウ島が横たわる

残照の海辺

南岸の小集落ワイメアは西欧文化とハワイの文化が初めて接した町として知られる。1778年、イギリス海軍のジェームス・クックがここに寄港した。彼は航海日誌に次のように書いている。「集落の人々はブタや穀類を差し出し、代わりに釘や鉄製品が欲しいと言った」ハワイ諸島を含むポリネシアの島々にはもともと鉄器や銅器は存在しないのだから、クック一行に釘を求めるというのはおかしい。ちなみに住民たちが求めたのは船体に使用する巨大な釘だったようだ。

島民が鉄製品を知っていたのは、クックが来島する前に別の西欧人と接触したからに他ならない。あるいは難破船が漂着したのだろうか。いずれにしても彼らはすでにスペイン由来の釘を持っていた。それは紛れもない事実だが、記録に留められなければ存在しなかったことになる。一般的には、ハワイを訪れた最初の西欧人はジェームズ・クックでありつづけるだろうが、「史実とは記録である」ということを知らされるエピソードだ。

ワイメアとはハワイ語で「赤い水」を意味する。渓谷の赤土が溶け出し、ワイメア川を赤く染めたからだ。ワイメアの町には、この赤土で染めたシャツを販売する店もある。

町は欧米からの移住者たちによって大きな変貌を遂げた。当初は捕鯨基地として、あるいは白檀の輸出港として発展したが、後に砂糖産業が栄えると、サトウキビ農園と砂糖工場が整備され、アジア各国から多くの移民労働者を迎えた。なかでも日系人の進出が目立った。現在も布教活動を続けるワイメア本願寺もこの頃に進出した。しかし砂糖産業の衰退とともに町はさびれ、威容を誇った砂糖工場はいずれも錆びた屋根と鉄骨を残すのみとなり、ワイメア渓谷を訪れる観光客の通り道のような位置づけとなってしまった。

しかし、ここにはガイドブックにも載らない景勝地がある。商店街の背後は海岸で、水平線の彼方に日が沈みはじめると空全体が少しずつ色を変え、やがて鮮やかな朱色となって大空を染め上げる。それは圧巻のひとことに尽きる。ここに集落をつくったのも、クックが最初の上陸地としたのも、この残照に惹かれてのことだったのかもしれない。

コケエ州立公園から延びるヌアロロ渓谷の終点はナパリだ。浸食を受けた崖が彼方まで連なる

コケエの森

カウアイ島はいまも噴火を続けるハワイ島とは異なり、長い歳月を経て溶岩が分解され、その上に植物が生い茂っては枯れて、土壌を形成してきた。そこに新たな植物が根づき、今日の緑に覆われた島をつくり上げた。カウアイ島がガーデン・アイランドと呼ばれる由縁だ。

ワイメア溪谷の先に広がるコケエ州立公園はカウアイ島のなかでも抜きん出て豊かな自然環境が保たれている。この島の中央にそびえ立つカヴァイキニ山とワイアレアレ山の周辺は世界屈指の多雨地帯で、広大なアラカイ湿原を出現させた。一年のうち1週間ほどしか晴れ間がないというほどの雨が滝あるいは川となって周辺に流れ落ちる。最大の水量を誇るワイメア川やマカヴェリ川は、山を削り取ってワイメア溪谷をつくり上げた。

コケエの森は雨と日射しの両方に恵まれ、多様な植物が繁殖している。パマカニ（スミレの変種）のように日本では草であるはずの植物が木へと進化するなど、植物にとっては理想の生育環境が広がる。これらの植物と共生する形で、カウアイ固有の動植物も進化してきた。なかでもピヘア・トレイルは固有植物と固有動物の宝庫で、草木やシダ類、昆虫類が動植物園のように寄り集まる。ぼくがカウアイでもっとも多く訪れるのもこの一帯だ。

鳥類も多い。アパパネやアマキヒなどハワイミツスイの仲間をはじめ、エレパイオやアケケエなどハワイ固有の野鳥は、安定した自然環境のなかで特定の植物を餌にして進化を重ねてきた。

しかし、動植物にとって理想の環境は外来植物や外来動物の侵出をも促すという皮肉な側面がある。コケエの森には、バナナポカやランタナ、イエロージンジャーやストロベリーグァバなどがはびこり、次々と在来の植物を駆逐していく。火災や地震、津波などの災害はその爪跡がだれにでもわかるが、外来種の侵出は気づかれぬことが多い。

ハワイ諸島に生息する動植物の多くは、カウアイ島に定着してから他の島に移り渡ったとされる。動植物にとって過ごしやすい環境が用意されているからこそ、カウアイ島に残されたコケエの森のような原生自然は、注意深く見守っていく必要があるはずだ。

深い森、鳥の鳴き声、名も知らぬ花々。カウアイの魅力は未開の自然にこそある。ナパリ・コーストやハナレイ、キラウエア岬など、観光地が固まる北海岸に関心が集まりがちだが、コケエの森からワイメア海岸を結ぶ旧街道にはカウアイの古い歴史が詰まっている。コケエ州立公園の奥にあるカララウ展望台は撮影に運不運があると言われるが、むしろ天気が悪いのは運がいい。一帯の天候は目まぐるしく変わるので、半時から１時間ほど待つと晴れ間が訪れる。しかも日が射しはじめるときには虹が出やすい。ワイメア渓谷を後にしたらニイハウ島が見えるくらいまで下り、サトウキビ畑の跡に車を停める。草原にはほとんど人の姿はないが、ここを狩場とするプエオ（コミミズク）と遭遇するかもしれない。

Chapter 3

MAUI

マウイ島

マウイ島について

E pili ana MAUI

マウイには、ハレアカラ南麓のキパフルや東海岸のハナのように20世紀初頭の風景が絵画のごとく押し固められたような土地がある一方で、ラハイナやキヘイのようなリゾート地域では秒刻みの変化がある。

島の中央には、ハレアカラがこれらの土地を見下ろすようにそびえ立つ。雲海を突き抜け、山頂クレーターから眺める先には、月面のような赤土が広がる。ここは太古から人の住みかではなく、太陽が住む場所とされてきた。

ハレアカラには、神話世界の英雄である

マウイが太陽を捕まえて懲らしめるという
物語がある。他にも、マウイと水や火に
まつわる物語は多いが、
いずれもこの島の自然環境の厳しさを
伝えるものだ。
ハレアカラは島全体を見守る
守護神として崇められた。

ある夏の日、ハレアカラの山頂近くで
女性レンジャーが、低く太い声で
オリ（神に捧げる祈り）を唱えだした。
声は聞く者の体を貫き、
上空に漂う雲を貫いて、雲上の太陽を
呼びよせるように見えた。

月面を思わせるハレアカラ・クレーターに這い上がる霧。わずかな植物がこの地に命をつむぐ

太陽の住むハレアカラ

標高3000メートルのハレアカラを歩くときは、4000メートル級の山々より気を引き締めて臨む。この山にはハワイ諸島最大のクレーターがあり、ここを下って内部を一周するだけでも1泊が必要なほどだ。スタートが山頂になるので、帰りは登り返しのために余力を残しておかなければならない。加えて、足下がフカフカなので一歩登るたびに半歩はずり落ちることになる。

マウイ島が海上に顔を出したのは150万年前のこと。西マウイの火山活動が最初だった。その後100万年ほど前にハレアカラが海上に出現すると、侵食と堆積を繰り返して今日のクレーターとなった。

ハレアカラは国立公園だが、その誕生理由が興味深い。クレーター周辺にはギンケンソウというボール状の葉を持つ植物が自生していて、伝統社会ではサッカーボールのように蹴落として距離を競ったらしい。厳しい環境のなかで辛うじて生き延びてきたこの高山植物は十数年に一度しか花を付けない。そのため次第に個体数を減らし、絶滅の危機に瀕していた。これを危惧した環境保護派が、クレーター全体を国立公園に指定することでギンケンソウを守ろうとしたのだった。

ハレアカラは1916年に国立公園となるが、それはハワイ島のキラウエア火山との抱き合わせだった。ハレアカラ国立公園として独立したのは半世紀近く後の1961年。生物保護区に指定されたのはさらに20年後の1980年だから、保護の歩みはギンケンソウの開花のごとく遅かった。

マウナ・ケアの天文台群ほどの華やかさはないが、山頂近くにはいくつもの天文台があるが、衛星探査などの軍事目的で使用されるものが多い。上空の宇宙ステーションの構造を三次元で表示したり、スペースシャトルの耐熱タイルのチェックも可能なほど高度な望遠鏡が設置されている。ここには東京大学の観測所と、福島県飯舘村から移設した東北大学の望遠鏡もある。原発事故で現地での観測が不可能になった施設に対し、ハレアカラの山頂を提供してもらったのだ。ハレアカラとは「太陽の住む家」という意味だが、軍事ばかりではなく人の温かさも感じさせる。

かつては捕鯨基地として栄え、ハワイ王国の首都ともなったラハイナ。いまも当時の面影を残す

ラハイナ——灼熱の大地

ハワイの伝統社会において政治的、軍事的にもっとも重要な島はマウイだった。カメハメハが台頭する時代に権力の頂点にあったのはカヘキリやカラニオプウだが、彼らはマウイ島を拠点として他島に攻め入った。その後のハワイ王朝の時代にも首都が置かれた。

不思議なのは、彼らの拠点がいずれも小さな集落だったことだ。ハナはハワイ島からの攻撃に対応できるし、ラハイナはオアフ島からの攻撃に対応したのかもしれない。しかしいずれも小さな集落であることに変わりなかった。

遠い昔、マウイ島の王であったマウイ・ロアは、ハワイ島の王に東端の町ハナを献上した。そしてラハイナに移り住んだ。町は次第に繁栄し、やがて首都として重視された。ハワイ王国の誕生前夜、カメハメハ軍が西欧人と結託してマウイ島を攻め落とすと、ラハイナは徹底的に破壊された。その後新たに町は再建され、カメハメハ3世の治世となる1820年にはハワイ王国の首都として再び注目を浴びることとなった。

当時ホノルルはすでに大都会であり、首都にふさわしい機能を備えていたが、カメハメハ3世はラハイナを好んだ。静寂を好む3世の住まいは、池の中央に浮かぶ小島の上という徹底ぶりだった。

西欧人にとってもラハイナはかつて重要な場所だった。捕鯨産業が盛んだった時代、ラハイナはその基地として急速に拡大していった。船員の気性が荒いのは世界のどの港でも聞く話だが、ラハイナでも町に定住していたキリスト教宣教師との間で幾度となく諍《いさか》いが起きた。捕鯨船から大砲を撃ったこともあったという。19世紀初頭、ハワイの地における西欧の価値観は布教と金儲けが対峙していた。今日では同じ鯨でも、ホエール・ウォッチングがラハイナの一大産業となっている。

ラハイナは「灼熱の太陽」を意味する。この地を訪れるとその意味を肌で感じとれる。降る雨はわずかで、しかもそれは冬期に集中する。ラハイナを初めとする西海岸はつねに大地が乾ききっているのだ。海への渇望は、この地に住む男たちの必然だったのかもしれない。

カナハ・ポンドに架かる虹。空港に隣接しているとは思えないほど一帯は静寂に包まれている

水鳥と虹

カフルイ空港の目と鼻の先に、ハワイ王国時代から続く養魚池がある。カナハ・ポンドと呼ばれる広大な池はいま、鳥たちのサンクチュアリとして注目を集めている。この池は16世紀頃から養魚池として積極的に利用されていたらしい。モロカイ島とオアフ島のアリイ（首長）が共同で養魚場を造ったという伝承もある。その後、18世紀にこの地を支配していたアリイのカピイオホオカラニが拡張し、ハワイ王国が消滅した後も利用された。20世紀の半ばにはボラを養殖したりと、戦後しばらく島の重要な食糧供給源でもあった。

カナハ・ポンドは、1951年に州立野生生物保護区に指定され、よい環境ができあがったと思ったのもつかの間、カフルイ港の浚渫《しゅんせつ》工事などで次第に水質が悪化していった。現在も周囲にある工場群からの排水で魚たちは死に、鳥が寄りつかなくなってしまったのだ。やがて世界が環境問題に目覚めるようになると、マウイ島でも状況が問題視され、カナハ・ポンドの自然は少しずつ改善されていった。魚が増えると鳥たちも回帰し、いまでは数多くの野鳥が飛来するようになった。カナハ・ポンドはその後1971年に国立自然史跡に登録されている。

この池でとくに多く目にする野鳥は、絶滅危惧種でもあるアエオ（クロエリセイタカシギ）だ。とても警戒心が強く、一定距離以上に近づくと仲間たちに警戒音を発し、さらに踏み出すと鳴きながら遠ざかるので、撮影にはいつも苦労する。

あるとき餌を獲っていたアエオが間近に来た。餌獲りに夢中となるあまり、自ら冒してはいけない距離に入ってしまったようだ。こちらに気づいたときには引き下がることも進むこともできずにいたが、こちらが動かないと判断したのか、また餌を漁りはじめた。そのとき、虹が出た。アエオと虹が重なる位置までそっと移動して撮影したのが巻頭のショットだ。

ハワイの神話に月の女神ヒナの物語がある。人間と結婚したものの夫の粗《そ》忽《こつ》さに耐えられず、夜にそっと抜け出して虹を登り、月に逃れるという話だ。浅瀬に伸びた虹を目にしたとき、この鳥がカラフルな帯に巻き取られ、天空に導かれるように思えた。

マウイの聖地とされるイアオ針峰。侵入者を拒絶する絶壁には代々の王の墓が隠されている

イアオ溪谷に潜む王家の墓

カフルイの街を過ぎ、西マウイへの坂道を進むとワイルクに出る。小さな町だから、その先のイアオ溪谷へ向かう観光客には単なる通過点でしかないが、昔から宗教と行政の中心地として諸島にその名を轟かせた。

砂糖産業の勃興とともにワイルクの勢いはピークを迎え、カフルイから続く表通りは不夜城のごとく煌びやかに飾りたてられたという。しかし、産業の没落とともに町は衰え、いまは官公庁の一部が残るのみとなった。

イアオ溪谷は歴代の王たちの墓地であるとともに、霊場でもあった。18世紀末、カメハメハ1世率いる軍隊は、銃や大砲を駆使して聖地に侵攻した。劣勢のマウイ軍は、神々が宿るイアオ溪谷にこもり、マナという霊的な力に最後の望みを託した。王たちの遺骨が集まるイアオ針峰には巨大なマナがあると信じられていたからだ。カメハメハ軍はそれを嘲笑《あざわら》うように大砲でマウイ軍を撃破した。ケパニワイの戦いと呼ばれたこの戦《いくさ》で、イアオ溪谷から流れ出る川は、何ヶ月も血で赤く染められたという。

ワイルクの人々には、そのような歴史を背負っているという自負がある。マウイ最大の町であるカフルイが、今日風のアメリカ文化であるのに対し、ワイルクは芸術と食文化にこだわりを持ち、いまもマウイの精神的支柱であろうとしている。

イアオ溪谷はいまなお聖地であり霊場だ。溪谷の奥に変わることなくそそり立つイアオ針峰は、歴代の王の遺骨が手をつけられることなく安置され、マウイ軍の怨霊が眠る場所として、独特の空気を漂わせる。鋭い山容は、近づく者を拒むようにそそり立っている。

かつてイアオの秘密を暴くべく、多くの探検家が墓を探した。一部は実際に見つかったようだが、そのことに歴史の因縁を感じる。ハワイの伝統社会では、太古の昔から墓暴きが行われてきたからだ。絶大な権力者の骨に宿る巨大なマナを我が物にしようと、おそらくは千年以上も前から掟破りは続いた。骨が発する怨念がいまも周囲に漂っているのだろうか、溪谷は州立公園として多くの観光客で賑わうが、いつも暗い雲に覆われている。

海に向かってまっすぐに突き出た溶岩がつくりだした奇岩群。明るい岩肌は波が残した塩の結晶だ

ドラゴンの牙

西海岸を除けば西マウイはよそよそしい顔をしている。急峻な山々が聖域を守るように周囲から独立していて、天気はよく変わる。とくに谷間《たにあい》に入るときは神経を使う。少しでも雨が降ると涸れ沢が濁流と化すからだ。そのことを承知して早めに引き返すのだが、それでも何度か増水に直面して肝を冷やしたことがある。

ハワイの伝統文化では、人が分け入るのが困難な場所は霊力が強く、神の世界につながるとされてきた。マカルアプナ岬は海に面した場所で困難さとは無縁に見えるが、西マウイでは最後まで溶岩流が押し寄せたところだ。人々にとっては特別の場所に思えたのかもしれない。岬の端はマウイの霊場のひとつで、神と祈りを交わす場所として大切にされてきた。

人々は、牙がそそり立ったような光景に神々の徴《しるし》を受け取り、心新たにしたことだろう。今日、この岬はドラゴンの牙と呼ばれる。もっとも、ドラゴンはハワイの文化には存在しない。

この景観は、流れこんだ溶岩の性質がとても軽く滑らかだったためにできた。後続の溶岩が前の溶岩を押し分けるように入りこんだ結果、両脇がめくれ上がるように持ち上げられたのだ。強い波が溶岩のへりを洗い、薄い板状の溶岩は浸食を受けて鋭い牙のような形へと仕上げられていった。溶岩はその後も波に洗われ、白い岩塩が表面を覆った。周囲とは明らかに異なる異様な景観は、このようにして誕生した。

近くには円形の迷路が描かれ、終着点である円の中心にはホオクプ（お供え）が置かれている。迷路もまたハワイの文化にないものだからやはり後世にだれかが造ったものだろう。しかしかつての権力者たちにとってはとても重要な場所だった。

ドラゴンの牙を取り囲む手前の土地はホノカフアと呼ばれ、歴代の王たちが埋葬されている。そのため、岬の手前には、この地が先住のハワイ人にとって聖地であるというメッセージが掲げられている。芝生部分はすべて墓地なので敬意を持って訪れてほしい。

ハレアカラの人気が高いが、歴史を覗く旅も勧めたい。カフルイの周辺にはサトウキビ畑が広がるが、工場はこの地を最後に1世紀半の歴史を閉じた。まだ残るサトウキビ畑の撮影は、歴史の証人になることなのだと思うと感慨深い。島の東端にあるハナの集落は、王国時代の名残をほとんど失ったが、古い町並みは残る。島の南部のラペルーズ湾周辺はハレアカラ南麓の溶岩地帯で、ハワイ島と見間違えそうな景色が広がる。溶岩は数十年の単位で様相を変えるから、じっくり観察すると、マウイならではの表情が見えてくる。西マウイのラハイナ周辺は王国時代の歴史を残しつつ時代の先端をいく町でもあるから、そのギャップをつかみ取るとおもしろい。

Chapter 4

HAWAIʻI

ハワイ島

ハワイ島について

E pili ana HAWAI'I

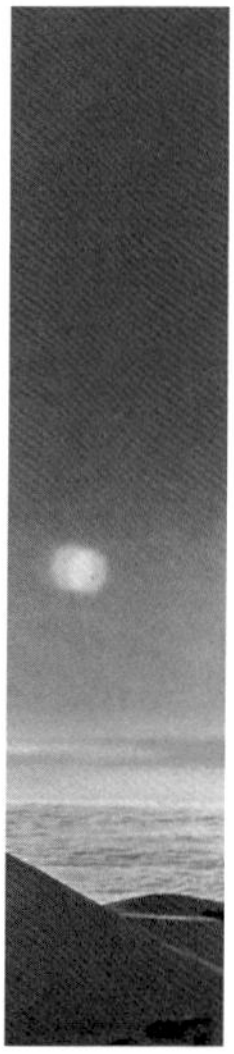

世界有数の星空、
火山と溶岩の生まれいづる大地。
この島はハワイのよいところを
独り占めしている感がある。
ハワイ島は他の島すべてを合わせたよりも
大きく、地域によって
気候も自然も大きく異なる。
見どころは自然の景観だけでなく、
文化や歴史のすべてにわたる。

変化の魅力は、島花であるオヒアレフアに
喩えられる。オヒアレフアの学名には
「さまざまな外観を持つ」という意味があり、
生育場所によって

大きく外観を変えるのだ。
これはハワイ島が場所によって
大きく景観を変えるのに似ている。
オヒアレフアの花が
燃えさかる火山の炎のように見える点も、
この島の活発な火山活動に重なる。

変化が最大の魅力だから、
被写体は至るところにある。
手つかずの自然は多く、
日の出から夜景までつねに
シャッターチャンスだと言っていい。

無数の被写体のなかでも火山活動は別格だ。
流れ下る溶岩を目の当たりにすると、
そのエネルギーに圧倒される。

噴き出すマグマがつくりだした溶岩平原。その表面を舐めるように火山ガスが舞い降りる

流れる溶岩を歩く

溶岩は1000度にも達する途方もない熱さだから、それを体感することなど不可能だ。ところが、たまたまこの温度に接近遭遇することとなった。ハワイ火山観測所のスワンソン所長（当時）と溶岩流を観察にいったある日のこと、「スミオ、いまからあそこへ移動するぞ！」とオクターブ高い声で彼が言った。声が裏返ったので、ぼくはすっかり緊張が緩み、笑いながら彼のあとについて溶岩の膨らみに足をかけた。※ それはまさに、150年ほど前、カルデラ全体が地獄の釜のように煮え立つキラウエアへ足を踏み入れたマーク・トウェインやイザベラ・バードと同じ状況だった。

踏みこんだ溶岩がじわりとへこむ。まだ固まっていない膨らみの両脇から、押し出されるようにして深紅の溶岩があふれ出た。一方、彼が行こうとしているところはまだ表面がうっすらと赤い。表面温度は500度ではきかないだろう。しかし所長は臆することなく進む。当然だよね、というように靴の

※毎日現場を観察し、必要十分な知識を持つ科学者による確認があっての行為です。また、溶岩地帯では火山ガスの危険もあるため、くれぐれも真似はしないでください。

ソールからは白い煙が上がった。

大気中の温度は100度を軽く上回る。猛烈に熱いが、顔が火傷《やけど》をすることはない。ただし、空気が乾燥していることが大前提だ。スチームを想像してほしい。100度に達しなくても、浴びれば火傷となる。しかし乾燥していれば、人の顔は短時間ならさらに高い温度に耐えられる。気合いの問題ではなく、生物としての柔軟性の問題なのだと自分に言い聞かせた。

スワンソンは真の猛者だ。セントヘレンズが大爆発を起こしたとき、当地でただひとり彼は生き残った。生き残ったのは偶然かもしれないが、すべての仲間を失うという事態を乗り越えて今がある。彼の言葉には他の人にはない強い説得力があるのだ。後に続き、ついに溶岩がとぐろを巻く塊に達した。しかし、戻ろうとしたら帰り道は閉ざされていた。いったん固まった溶岩が、後続溶岩のせいで再溶融したのだ。けれど彼はまったく動じず、巧みに溶岩の軟らかな部分を避けながら元へ戻った。

夜の溶岩は美しい。色がきれいというだけではない。その圧倒的なパワーに魅せられ、思考が停止してしまうのだ。しかしそれが命の危険を招き寄せる。彼に背中を突かれ、早々に現場を後にした。

海岸に到達した溶岩は激しく海水ともみ合い、火花を散らせながら島を押し広げていく

火の女神ペレ

　ハワイ島はいまも成長を続ける。盛んに溶岩を噴き上げ、流れ下っては海岸を、つまり「島」を押し広げている。

　だが、いつかは溶岩を産み出す地下のマグマ溜まりから切り離されてしまう。すると島の火山活動は停止し、その後は風雨や波による大地の浸食がはじまる。西隣にあるマウイ島はハワイ島よりずっと小さな島だが、かつてはモロカイ島やラナイ島などを呑みこみ巨大な島を形づくっていた。マウイ島が浸食を受けて小さな島になったように、ハワイ島もまた同じ運命を辿る。3000万年ほどの時を経てミッドウェーのようなサンゴ環礁となり、やがて海のなかに姿を消すのだ。島には、人と同じように誕生と死がある。

　溶岩の放つ怪しいオレンジ色の輝きも、地球規模の時間で捉えるなら線香花火のようなものだ。キラウエア・カルデラの縁に立って煮え立つ溶岩を見下ろすと、人間の想像を超えた途方もない時間の流れを感じる。

ハワイ島でもっとも活発な噴火活動を続けるのはキラウエア火山で、周辺には噴火口や噴石丘、亀裂《クラック》などがあり、今このときも溶岩や火山ガスが噴き出している。なかでもハレマウマウ・クレーターは、周期的に活動と鎮静を繰り返してきた。クレーターの形状や規模はそのたびに変化し、ときに多量の溶岩がクレーターからあふれ出て、周囲に流れ出したこともある。

ハレマウマウ・クレーターには火の女神ペレが住むという。気まぐれで意地が悪く、嫉妬深い。なんともひどい表現だが、彼女の性格を溶岩の動きに当てはめると合点がゆく。噴火はいつ起きるかわからず、苦労してつくり上げた畑や集落を呑み干すこともある。ハワイの伝統社会にとり、火山噴火は人智を超えた現象だったので、人々は運命にすべてを委ねるしかなかった。

ペレとはタヒチ語で「山」とか「冷え固まった溶岩」を指すが、彼の地から到来した先住のハワイ人たちは、ペレのふるまいに、自然現象を超えた何かを感じたのだろう。やがて噴火そのものを神の仕業と考えるようになった。ポリネシアの島々は宗教と文化の大半を共有するが、火の女神の信仰はハワイ諸島にしか存在しない。活発な火山活動の性質が火の女神の性格を形づくることになり、ハワイ文化の原点となった。

北海岸のハマクアには太平洋から到来する湿った風による雨の恵みがあり、苔むした緑が広がる

カーネの水

ハワイ諸島にはワイ（水）の名が付く地名が多い。ハワイ島にもワイコロアやワイルク、ワイメアなど、いくつも見つかる。これは水の重要性を示している。ハワイ諸島をつくり上げた溶岩は水をよく通すため、地上に残りにくいのだ。カウアイ島のように古い島であれば岩石の上に土壌ができて水が溜まるが、ハワイ島ではそうはいかない。人が生きていくために淡水は不可欠だから、安定して水を確保できる土地は古くから権力者が独占してきた。

ハワイ島にはアカカ滝やレインボー滝など、多くの名瀑《めいばく》があり、ワイルク川やワイピオ川など、干上がることのない川もある。しかし滝も川も自然の恵みなのに、なぜか哀しい物語が語り継がれる。

その理由は島に暮らすと納得がいく。溶岩が水を浸透させてしまうので大きな川はできないが、大雨が降ると地下への浸透では間に合わず、通常の何倍もの水を出現させる。細々とした滝が、一日で両岸を削り取るような瀑布に変身することがあるのだ。氾濫した滝や川は周辺の集落や畑を押し流して膨大な被害を与えた。人々は繰り返される災害を教訓として後世に残すため、記憶に残りやすい物語の形に仕立て上げたのだった。濁流や鉄砲水は、化け物の仕業や、人の悪行となり、物語として語り継がれている。

水には別の側面もあった。滝や川のあるところは権力者が独占したため、平民は日々の飲み水を確保するのも難しい土地をあてがわれることが少なくなかった。水を得ることは、生きるためにつねに重要な課題だったのだ。

そのような思いが水にまつわる神話として残されている。ハワイには4大神がいて、そのひとりであるカーネは水を司《つかさど》った。カーネの水を飲む者は不老不死の生命を手に入れるとされ、人間ばかりでなく神々までがこの水を求めたという。裏を返せば、ハワイの伝統社会においては、それほど水は貴重だったということだ。

ハワイの人々はアフプアアと呼ばれる小集落で暮らした。集落の中心には必ず川が配置される決まりだったが、水の確保はいつも不安定だった。そのため、上流から河口まで、水の用途には細かな取り決めがあった。地名や物語にしばしば水が登場するのは、社会的な背景も一因といえる。

キラウエア・カルデラから望む朝靄に煙るマウナ・ケア。山頂の脇に天文台の連なりが見てとれる

マウナ・ケア登山

ハワイ諸島最高峰のマウナ・ケアに登ることとなった。2800メートルほどの高さにあるオニヅカセンターから片道7時間ほどだが、同行する仲間もぼくもそれほど体力があるように思えず、ゆとりを持った計画を立てた。

15年ほど前に初めて対岸のマウナ・ロアに登ったとき、頂上のかなり手前で動けず日が暮れてしまった。高山病だった。明け方まで頭痛と吐き気に苦しみ、翌朝は早々に麓へ引き返すという散々な結末となった。しかし初回の失敗にめげずに登りつづけたのがよかったのか、次第に高所に慣れ、数年後にはしっかり登頂できるようになった。とはいえ、高山病はついて回った。山頂付近で夜を明かすと顔が腫れ上がった。それを指摘する仲間たちの顔もみな腫れ上がっていた。

達成感のなかで眺める対岸のマウナ・ケアは、下界から仰ぎ見る印象とは異なり、神々しささえともなった。わずかではあるが、ハワイの伝統社会が共有していた神々の山の感覚を知った気がした。それはその後のハワイの捉え方を大きく変えたきっかけでもあった。

マウナ・ケア登山を、海岸から4200メートルの高みまで完登する体力はなく、オニヅカセンターの前からはじまる登山が身の丈に合っていた。山道と並行して車道もあるので、体調を崩しても比較的簡単に回避できる。マウナ・ロアよりはかなり楽な登山のはずだった。

しかし、いざ登りはじめると最初から呼吸が苦しかった。耐えていればそのうちペースをつかめると思ったが、それほど甘くはなかった。速度を落として体の負担を減らす他なく、山頂の天台望遠鏡群が見える頃にはかなり日が傾いていた。帰りは、山頂直下で待機する車に乗る手はずだが、日が沈めば一般車両は下に降りなければならない。重い体に鞭打ってゴールに辿り着いたのはほぼ日没。スタートから9時間が経っていた。

山頂には小さなクアフ（祭壇）がある。強風のせいで壊れやすく、訪れるたびに形が違う。このときは祭壇の木枠がすっかり壊れていて、お供えのレイが岩に貼りついていた。しかし、この容赦ない土地こそが神々の領域なのだ。あらためてそう思いながら山頂を後にした。

日本人移民が造ったリリウオカラニ公園。女王の名を冠するが、鳥居のある本格的な日本庭園だ

オールド・ヒロ・タウン

ヒロは変わった町だ。大きな町なのに発展の気配はなく、数十年前に初めて訪れたときからあまり変わらない。でも、変わらないなんて素敵ではないか。世代を超えて町の記憶を共有できる幸せというのは、歳を重ねて、初めて気づくことだ。

ヒロは、ハワイにしては雨が多い。緑が深く、空気がしっとりとしている。日本的だという人は多いが、町のたたずまいは他とそれほど変わらない。日本を感じさせるのは、この町の人たちが日本を志向しているからだろう。ただしいまの日本ではなく、かつての日本だ。

ヒロは奇跡の町だ。人々が思い描く古き良き日本をいまの時代に残している。似た町は少なくないが、これほどの規模で残ることは奇跡に近い。失ったものはあるが、残すことがDNAに刻まれてでもいるかのように、器を変えず今に至る。

予算がないから、というのは間違いではない。しかし古いものを維持するのにも金はかかる。それを支えるもうひとつの力は、人々の価値観の近さだ。人の温かさであり、移民文化への愛である。

かつて移民たちはサトウキビ畑での農作業に明け暮れていた。どん底から上を見上げ、絆を確かめるように日本的なるものを造りつづけた。点在する鳥居や灯籠、仏閣などのすべてに、遠い日本への思いが深く刻みこまれている。同じように中国人移民やフィリピン人移民など、さまざまな国の文化も変質することなく、この町には刻みこまれている。

この時代をつなぐ寛容さこそがヒロの魅力なのだ。ハワイではルーツを辿ることの意味は薄いが、食だとか冠婚葬祭にはそれぞれのルーツによるこだわりがある。こだわりと共有化という、一見矛盾する文化の共存がヒロの町をつくり上げてきた。

ヒロのオールドタウンはさまざまなこだわりと共有が寄せ集まり、1世紀という時間をかけて熟成されてきた。この町は、どこよりもリアルな歴史博物館であり、タイムトンネルでもある。

カイルア・コナの夕日。キラウエアから到来する火山ガスのせいで厚い雲に覆われることが多い

大海に生きる人々

世界地図を広げ、ハワイ諸島を確かめると、心もとないほど小さな点の連なりでしかないことを知らされる。大波が襲来すればかき消されそうなほどなのに、ハワイを含むポリネシアの人々は、小さなカヌーを駆使して太平洋上を縦横無尽に行き交った。彼らの海上交易は、遠くマダガスカルまで及ぶ。大陸で栄えたどの国も、彼らほどの行動範囲は持ち得なかった。

ポリネシア人にとって海は住まいであり、畑であり、生まれ、死ぬところだった。この感覚は、時代もライフスタイルも異なる現代のハワイ人にもどことなく当てはまる気がする。

先住のハワイ人は彼らの先祖がそうであったように、海を特別なものと考えた。陸上で暮らす人々が森や高山を特別な場所と考えたように、海に生命の根源を求めたに違いない。島々を巡り、漁を行い、ときに戦いの場として、自分たちのフィールドである海を深く理解していたことだろう。しかしそれでもなお、海には得体の知れない魔物が潜み、心がけが悪いと命を取られると考えた。ポリネシアの神話は邪心を持つ人を懲らしめる神に事欠かない。

いずれにせよ、海は生きていくすべてだった。彼らは畑を耕し家を建てたが、海での仕事が圧倒的に多かった。海にカヌーを出すというのは、海を衣のようにまとい、食し、楽しみ、休むということだ。彼らの大柄な体も、海との深い交わりを教えている。「今日の波は軟らかい、先が丸い、よい香りだ」といった海の言葉の多くは、われわれの理解を超えている。

体に残るDNAがそうさせるのか、今日でも土地っ子は一日の多くを海で過ごす。海は遊び場であり、競いの場であり、社交場であり、冒険の場でもある。ケアウホウを訪れたときのこと、サンセットを見終えて観光客たちの姿が消えた後も、いつまでも海から上がらない若者たちの姿があった。

彼らにとって、海はわれわれよりもはるかに日常の一部なのだろう。やがて日が落ち夜の帳《とばり》が降りると、波の音が周囲を覆いつくすように鳴り渡る。空と海の境界がおぼつかなくなる頃、先人たちは、世界が海に満たされると感じたに違いない。

コーヒー農園の近くに店を出すマナゴ・レストラン。伏せた飯茶碗に昭和の香りが漂う日本食堂だ

コーヒーが伝える歴史

ハワイ島西海岸のカイルア・コナからホナウナウに至る一帯はコーヒーベルトと呼ばれる。土地が帯状に広がるのは、コーヒー栽培が一定の高度を必要とするからだ。標高が高くなると寒暖の差が大きくなり、豆の品質を高める役割を果たす。世界ブランドとなったコナコーヒーはそんな環境に育まれてきた。

コナのコーヒー栽培は試練の連続だった。土地の所有者である白人たちは品質でも価格でも国際競争に勝てず、じり貧となっていた。農園の売却を考えはじめたとき、日本人移民の勤勉ぶりを耳にする。彼らは小作人として日系人に農園を任せ、その結果が今日のコナコーヒーの基礎となった。

コーヒー産業は多様性の時代を迎え、オアフ島のワイアルアコーヒーやマウイ島のマウイコーヒーなど、個性で勝負するブランドが増えている。

ハワイで最初に栽培されたコーヒーノキは樹齢120年となったが、いまもグリーンウェルファームで大切に栽培されている。永くこの農園のコーヒーを買ってきたが、コナコーヒーにも個性的なブランドが現れたので、最近はあちこちに顔を出して試飲するのが楽しみのひとつだ。

コナに滞在するときは、夕刻が迫るとケアラケクアまで出かけることがある。コーヒーシャックという、農園の直営店で豆を買ってから、挽き立てのコーヒーを注文して店内でひとときを過ごす。シャック（掘っ建て小屋）の名が示すように、この手の店はどこも小さくて簡素だから、来る客は限られる。でもシンプルなところが気に入っている。

コーヒーベルト地帯では夕刻に必ずひと雨ある。コーヒーノキはこの雨で旨さを蓄えるのだ。小さな店の小さな窓から夕立を眺める。ウェーブのかかった葉が大粒の雨を受け止め、低い陽光を受けてにぶく輝いている。何十年もの間、この窓の向こうでは同じ光景が演じられてきたに違いない。

雨のカーテンが少しずつ退いて雨雲が割れる。すると天空から黄金色の光が射しこみ、海が同じ色に染まる。その光景に見とれていると、手にしたコーヒーは冷めてしまう。店に入るたびにそんなことを繰り返す。しかし冷めたコーヒーも悪くない。

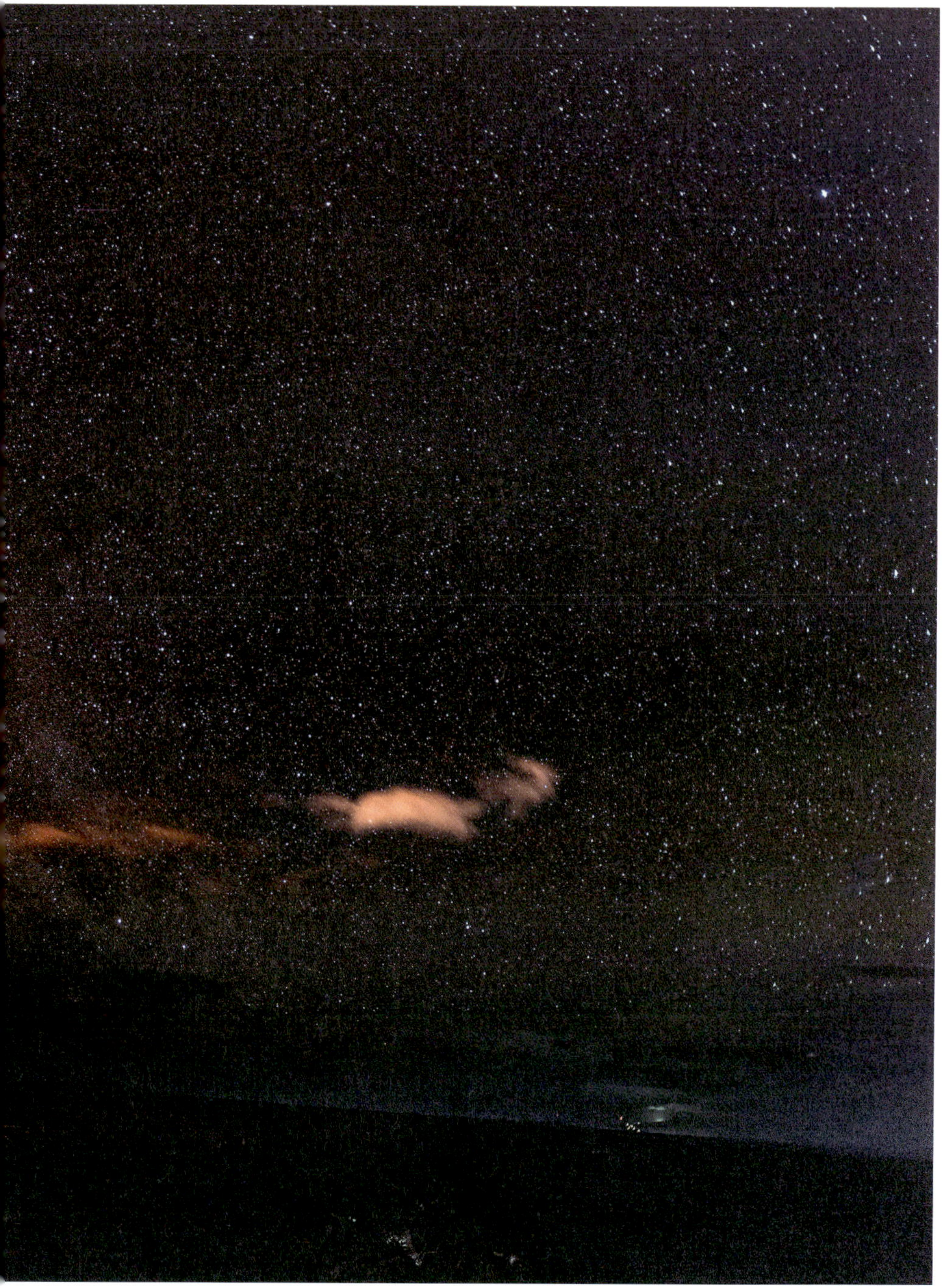

キラウエア・カルデラ内のハレマウマウ・クレーターから噴き出す炎。夜空を美しく染め上げる

星空の彼方

キラウエア・カルデラに口を開けるハレマウマウ・クレーターは、永い沈黙のすえ、再びオレンジ色の炎を放った。この輝きはハワイ諸島誕生のシンボルでもある。地下数キロメートルのマグマ溜まりから噴き出すこの溶岩こそが、600万年ほどの歳月をかけて諸島をつくりだしてきたからだ。

激しく沸き立ち、ときに下界に迫る溶岩を見て、伝統社会の人々はそこに火の女神が住むと考えた。ペレ神話の誕生だ。ペレにはカマプアアという名の夫がいるが、彼女の激しい性格ゆえに夫婦げんかが絶えなかった。彼女の怒りが頂点に達すると、溶岩を吐き出して夫を焼き殺そうとした。カマプアアは本来の姿である八つ目のブタに戻って逃げ回り、退路を断たれると、今度はフムフムヌクヌクアプアア（ブタのように鳴く魚）に変身して海へ逃げこんだ。

しかし、ここには隠された物語がある。ハレマウマウ・クレーターはペレの住みかとされるが、ハレマウマウとは、「アマウ（シダの一種）の住みか」という意味であり、アマウとはカマプアアのシンボルである。両者が切っても切れない関係にあることを遠回しに言い表しているのだ。

神話のなかでもペレとカマプアアは別れることがなかった。ふたりの物語は、火山活動と人の暮らしの関係によく似ている。突然襲う溶岩によって家や畑を失っても、人々は暮らしを変えることができない。恐れつつも与えられた環境で生きていかなければならなかったのだ。大地が溶岩に覆われたときは海の幸に望みをつないだこともあっただろう。ペレとカマプアアの物語は、ハワイの人々の史実でもある。

とはいえ、ハワイ島60万年の歴史のなかで数百年の営みなど一瞬に過ぎない。地球50億年の歴史からすればハワイ諸島の歴史さえ一瞬のことだ。それもこれも、星々から見るなら線香花火のように儚い煌めきなのかもしれない。

夜の大景観を求めてジャガー博物館に集まる人々は、気の遠くなるような時間と空間を目のあたりにして何を思うだろう。今夜も絶えることなく、地球の底からメッセージが送り出される。

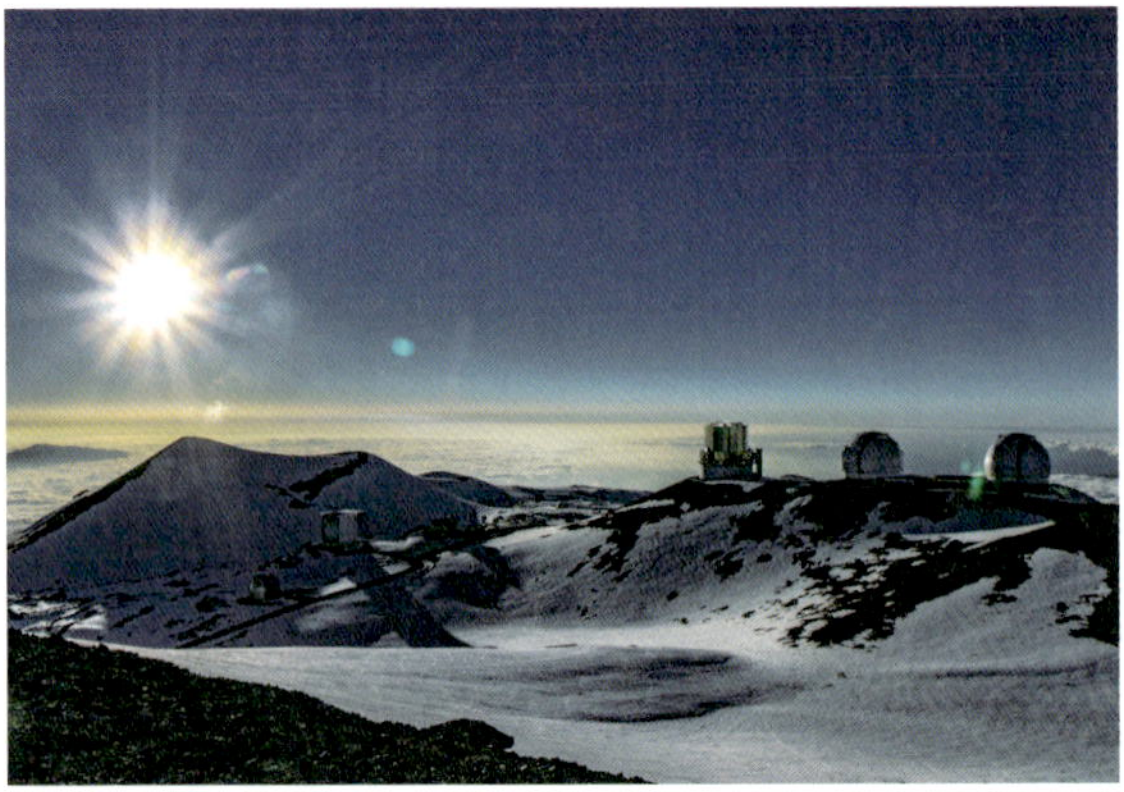

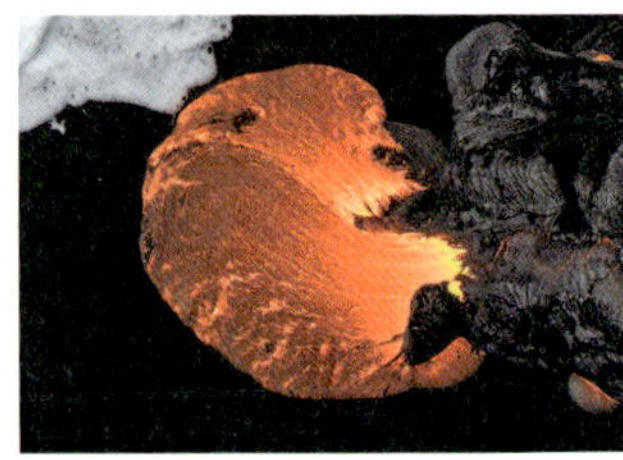

ハワイ島を訪れる人のほとんどは活動中の溶岩と満天の星に期待する。マウナ・ケアの山頂でサンセットを見たあと、麓で星を見るツアーはもっとも人気が高い。しかし、落ち着いて観察したければ場所を移し、人の少ないところで観賞するのがいい。写真を撮るのなら、適した場所と時間帯を調べておかないと結果は期待できない。夏場のハワイ島は北東から湿った風が押し寄せ、マウナ・ケアとマウナ・ロアにぶつかる。山腹に沿って上る気流は冷やされて雨雲となるが、標高2000メートル以上にはあまり現れない。ダニエル・イノウエ・ハイウェーの峠周辺でも美しい夜景が楽しめる。溶岩については生ものなので出現するときとしないときがあるものの、カラパナの先に注ぐ溶岩は必見の価値がある。

Chapter 5

MOLOKA'I LANA'I

モロカイ島、ラナイ島

モロカイ島とラナイ島について

E pili ana MOLOKA'I, LANA'I

モロカイ島のよさは、ラナイ島とマウイ島にはさまれた海に尽きる。この内海はサンゴ礁が潮流の侵入を防いでいるため、海面は鏡のように穏やかで、海であることを忘れるほどだ。ザトウクジラはこの内海で出産し子育てをする。

モロカイ島は南のラナイ島と同じく多くの産業が姿を消し、経済的には逼迫している。しかし養魚池やタロイモ水田を復元し、伝統文化に回帰するという志が強い。解決すべき問題はあるが、島の総意で

進めているという点が頼もしい。

特筆すべき産業がないという点で、
ラナイ島は北のモロカイ島と似ている。
しかしモロカイがハワイ史に深く関わる
重要な島であるのに対し、
ラナイはすべてが打ち棄てられた
廃墟の状態を抜け出していない。
タロイモ水田や養魚場、サトウキビ工場の
すべてが廃墟となったのは、かつてこの島
全体がパイナップル畑と化したからだ。

パイナップル産業が消滅したいま、
この島には本当に何もない。
しかし、何もない風景を撮るというのは、
かけがえのない贅沢ともいえる。

ハレアカラから朝日が昇り山稜が見えはじめると、カウナカカイの海は輝きに覆われる

静かの海

ハワイで1週間を過ごすとしたらどこがよいかと聞かれたら、何も考えずに過ごせるカウナカカイと答える。便利さとは縁遠いところだから人には勧めないが、ぼくにはそれがいい。ラナイ島とマウイ島に挟まれた内海を見て過ごすのだ。季節を選ぶなら6月。花がもっとも鮮やかな季節だ。しかし12月はさらにいい。内海に現れるザトウクジラの子育てを眺めるのだ。

この島の南岸には静寂という言葉がよく似合う。サンゴ礁が外海の波を受け止め、内海は鏡のように滑らかで凪《な》いでいる。いや、海というより巨大な湖といったほうがしっくりくる。遠くで一匹小魚が跳ねても気づくほどの静けさを独り占めにできるのがこの島なのだ。

その気になれば、その様子を部屋に寝そべって楽しめる。1階に部屋を取り、荷物を放り出したら頬杖をついて床に横たわる。窓を開け、ラナイ（ベランダ）の先に目をやると、そこにはラナイと同じ高さで続く芝生があり、芝生と同じ高さに砂浜が、そして海が広がる。立ち上がる必要すらない。部屋から海まで、同じ高さで景色が続くのだ。このロケーションこそ、カウナカカイ最大の魅力だ。

朝は少し早起きをして海辺に出る。東に目をやると、マウイ島のハレアカラの稜線が次第に明るくなり、漏れ出した光が内海を覆いつくす。たぶんザトウクジラを目撃できる。朝食を摂ったら海へ出る。サーフィンをするのではない。集音器を海に沈めるのだ。静寂なはずの海が一変する。途切れることのないクジラの鳴き声が体の奥にまで響きわたる。

最後に、島の東側にあるカマコウ山へ出かける。自然保護区にあるペペオパエ湿地は、植物好きには究極のエルドラドだ。見たことのない植物を見つけてはメモを取る。栄養分が少なく一年を通じて冷涼な土地なので、植物のいくつかは独自の進化を遂げている。

ペペオパエの森に延びる小道を伝って展望台に出ると外海を見渡せる。晴れわたる日は滅多になく、暗く荒々しい。四輪駆動車でさえ冷や汗が出るほどの悪路を抜けても、※景観が開けているか否かは運次第だが、そのおかげで希少な植物に出会えるのだ。そうそう、鮮やかな虹も楽しんでいる。

※ペペオパエへの道はジープタイプの四輪駆動であっても熟練者でなければ走破は困難です。

東のハーラヴァ湾から望む渓谷と滝。度重なるツナミを克服し、花卉《かき》産業が根づく

島の果て

ハーラヴァ湾から渓谷を望む。彼方に見える滝はよどみなく大地に降り注ぎ、渓谷にあまねく恵みをもたらす。ここにはかつて大きな集落があり、タロイモ水田や養魚池が広がっていた。豊饒を称えるために、ロノ神に供物を捧げるヘイアウ（神殿）の跡もある。集落の中心にはイム（土のなかに造られるオーブンのようなもの）の跡も点在している。

渓谷は豊かな水を湛《たた》える。植物が繁り養魚池もあるというのに、今日、住人は数えるほどだ。理由は、数十年に一度の割合でツナミがこの土地を襲うからだ。太平洋を経て伝わるツナミは、渓谷の奥まで一気に洗い流してしまう。土に海水の塩分が含まれるので、タロイモのような水耕栽培は壊滅し、集落や人命を失いつづけてきた結果、人々はこの土地を棄《す》てた。

しかし、ハーラヴァに留まる人たちもいた。ツナミが表土を持ち去ると、下の地層に広がる豊かな土壌が露出する。塩害に強い植物を育てるのであれば、その栄養分を利用できるため、農作物の開墾に力を入れたのだ。その結果、ここではヘリコニアなどの園芸植物や豆類の栽培が盛んになった。

渓谷はそれ以降もたび重なるツナミの試練を受けてきたが、このような天然の土壌改良のせいで、農園はそのたびに復活している。ショウガ科やヘリコニアなどの花卉《かき》類をはじめ、スナップエンドウやスターフルーツ、マンゴーなど、多くの穀類や豆類、果実を生産している。この渓谷をガイドしてくれた住人は、森のなかに建つオープンハウスでパッションフルーツの絞り立てをご馳走してくれた。市販のジュースはもちろん、野生の果実も比ではないうまさだ。改良を重ねた品種なのだと彼は言った。

ハーラヴァ渓谷から西の丘へ登るとプウ・オ・ホク牧場に至る。牧場のなかにはハーラヴァへの道を守るように、ヘイアウが造られている。周辺は鬱蒼としたククイの森だ。ハワイ州の木であり、モロカイ島の木でもあるククイは、陽光を浴びるとどの樹木よりも白く輝く。まるで天から特別の使命を受けているかのようだ。そのせいか、景観の先にあるハーラヴァ渓谷は、神々の力に護られているように見える。事実、ハワイの伝統社会において、モロカイ島は霊的な力に満ちた島として、一目を置かれてきた。

町外れに荒れ地のような牧場が広がる。何もない大地と空が絵本のような世界をつくりだす

高原を染める黄昏

ラナイ島唯一の町であるラナイシティーの北東端に、ホオパパラニ・ヒルズというパイナップル畑跡がある。いまは牧場となっているが、馬の姿を見ることは少なく、荒れ地と言い換えても大きな違いはない。北側には高級ホテルがあるので人の出入りはあるが、広い前庭があるので声は届かない。

そんな場所だから、夕暮れ時は周囲の景色を独り占めできる。地平線がオレンジ色に輝きはじめると、その光に写し出された上層の雲は紫色に染まり、一幅の絵のように美しい残照が広がる。それをただひとり、静寂のなかで眺める。何もないという贅沢が光のなかに満ちあふれる。やがて闇が訪れ、大きなクックパインの上空を銀河が走る。ただひたすら星空を眺めていると、心のなかの負の要素が音を立てて吐き出されていくのがわかる。

この島は数年前まで島民の過半数が日系人だった。レストランにはわずかだが日本食があり、日本語の表記もあった。しかしわずか十数年で状況は一変した。移民の子どもたちは島外で高等教育を受けると島に戻ることはなく、代わりにフィリピン系移民が定着した。現在は島の過半数がフィリピン系となっている。いつしか日本語表記はタガログ語に置き換えられ、日本食も数を減らした。しかし日系人の足跡がこの島から消えても、ラナイ島の歴史は変化を求めて変わりつづけるだろう。

町の子どもたちは、目抜き通りに並ぶクックパインの傍らにたむろしている。そこが便利だとか、トレンドだとかというわけではなく、単に店の灯りが届くからだ。この島は日が暮れると町全体が闇に包まれ、建物から漏れ出る光がなければ、足下もおぼつかない。

巨樹が連なる通りで、子どもたちはいつ終わるともなく笑い転げながら語り合っている。しかし、店がひとつまたひとつと照明を落とすと、いつの間にか彼らの姿も消える。ラナイシティーは標高600メートルを超える高原にあり、夜が深まると身震いするほどの寒さとなるのだ。

数日をこの島で過ごすと、日の出とともに活動するというシンプルなライフスタイルが体に馴染む。変化を吸収しつづけるパワーは、この島の睡《ねむ》りを呼び醒《さ》ますだろう。

赤土と巨石の荒野は神々の庭園と呼ばれる。海の向こうのモロカイの神々に敗れた跡なのだという

神々の庭園

四輪駆動車を走らせ、ラナイ島の西の端へ向かう。赤土はやがて砂のようになり、辺りにあるのは巨岩だけの景色となる。神々の庭園と呼ばれる土地だ。名前とは裏腹の荒れ地には強風が吹き荒れるだけで、他には何もない。しかし心をリセットするには最適の場所だと、訪れるたびに思う。

その昔、モロカイ島とラナイ島には、それぞれ強大な力を持つカフナ（祭司）がいた。モロカイのカフナはラニカウラといい、呪いの言葉を発してラナイ島の住民や家畜を病に罹《かか》らせ、火を放った。ラナイのカフナであるカヴェロは、これに気づいて相手に火を放った。怒れるラニカウラだったが、カヴェロとの死闘に敗れて命を落とし、ラナイ島の人々は救われたという。しかし、ラナイはその結果、草ひとつ生えない荒野と化した。

ハワイ語でケアヒアカヴェロ（カヴェロの放った火）という名の赤土の荒野には岩が転がり、いつも強風が吹き抜ける。勝ったのはラナイのカフナだが、対岸のモロカイにダメージの跡がないため、赤土の大地が払った代償の大きさを知らされるばかりだ。

この不毛の地にはかつて幻の花があった。ポーレフアと呼ばれた紫色のレフアの花だ。伝説によれば、カヴェロの火から黒い煙が立ちのぼり、赤いレフアを紫色に変えたのだという。この花は実際に20世紀の初頭までラナイに生息していた。しかしヤギやシカなど、多くの家畜や狩猟動物がラナイ島に放たれたため、草花はほどなく数を減らしはじめた。

ポーレフアの消滅とともにカヴェロのパワーも潰《つい》えたのか、その後動物たちはラナイの植物を食べ尽くし、今日に見る荒野を出現させたのだという。

地質学的な話をすると、この話は色褪《あ》せてしまう。神々の庭園の岩石は数千年にわたる浸食でつくられたことがわかっているからだ。しかし過去の物語が幻になるわけではない。天空にある神々の庭園から落ちてきたのがここにある巨石だという神話もあり、石には強力なマナ（霊的な力）が含まれているという。実際、無数の巨石は計算されたように連なったり、寄せ集まっているようにも見える。その光景は、見る者の想像力がつくり上げた話というだけでは納得できない何かを感じさせる。

ハワイ諸島地図

Hawaiian Islands Map

オアフ島 撮影場所

① P.38-39 クーカニロコ
② P.34-35 ヌウアヌの森
③ P.150-151 ホノルル国際空港
④ P.42 聖アンドリュース教会
⑤ P.43 ホノルル市街
⑥ P.22-23 戦勝記念プール
⑦ P.26-27 ワイアラエ・ビーチパーク
⑧ P.30-31 ココヘッド・ディストリクト・パーク

カウアイ島 撮影場所

① P.58-59 ハナレイ
② P.50-51 ケエ・ビーチ
③ P.54-55 ブライト・アイ
④ P.66-67 ヌアロロ・トレイル
⑤ P.5 ナパリ・コースト
⑥ P.62-63 ワイメア海岸

ハワイ島 撮影場所

① P.106-107 オノメア
② P.114-115 リリウオカラニ公園
③ P.1, P.6-7 マウナ・ロア
④ P.118-119 カイルア・コナ
⑤ P.122-123 マナゴ・レストラン
⑥ P.126-127 ハレマウマウ・クレーター
⑦ P.110-111 キラウエアから望むマウナ・ケア
⑧ P.4 ハレマウマウ・クレーター（キラウエア・カルデラ）
⑨ P.98-99 キラウエア
⑩ P.102-103 カラパナ

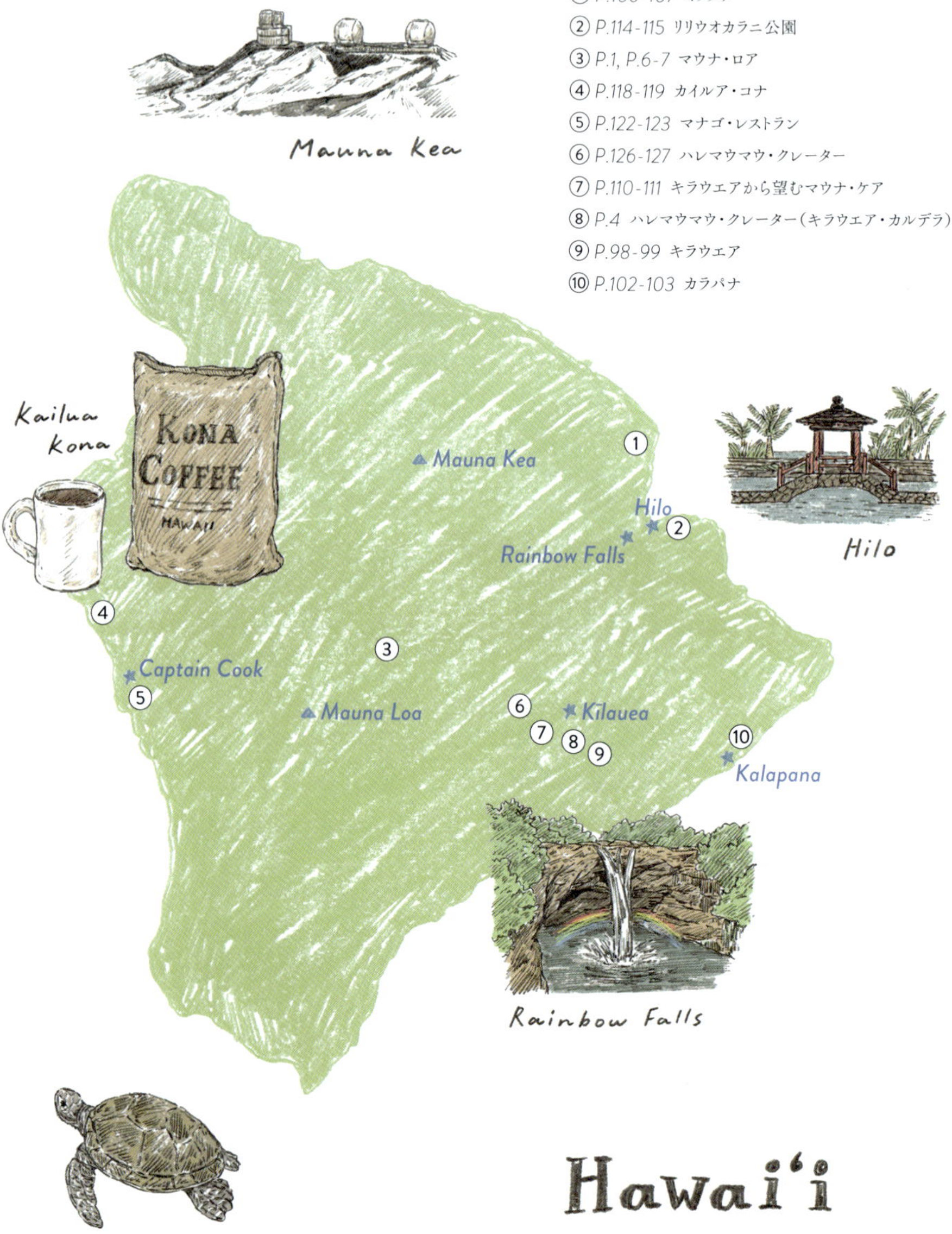

マウイ島 撮影場所

① P.74-75 ハレアカラ・クレーター

② P.2-3, 82-83 カナハ・ポンド

③ P.8 キヘイ

④ P.86-87 イアオ針峰

⑤ P.90-91 マカルアプナ岬

⑥ P.78-79 ラハイナ

モロカイ島・ラナイ島 撮影場所

⑦ P.138-139 ハーラヴァ

⑧ P.134-135 カウナカカイ

⑨ P.142-143 ホオパパラニ・ヒルズ

⑩ P.146-147 ケアヒアカヴェロ（神々の庭園）

おわりに

ハワイは日本から遠い島国だが、どこか懐かしさが漂う。
出かけるというより、戻るという感覚なのだ。
そして元気をもらうところでもある。
ハワイに滞在すると、力が注がれるように感じる。
島々を訪れ、目を閉じて鳥の声や風の音を聞いていると、
心のなかのあれこれがリセットされる。なぜそうなるのかを説明できないが、
ハワイはたしかにそのような空気に満ちている。
撮影はその空気を写すことがすべてと言っていい。
ハワイは天気の移り変わりが激しく、光は目まぐるしく変化する。
真っ黒な雲に覆われたかと思うと、
次の瞬間には天からの使者が舞い降りるかのように光の帯が降り注ぐ。
空のショットが好きなのは、そんな理由からだ。

風景に満ちるエネルギーは、被写体にとどまらず、
撮影している本人をも取りこんでしまう。
自分自身もある意味で被写体なのだ。
作品は写実的でありながら自分の心の景色でもある。
写真の次に添えた文章は、その感覚を伝えるためのものだ。
写真と文章が相互に作用し、
見る人に、そのときの時間と空間を追体験してもらえるなら嬉しい。
自然の背景には、ハワイの伝統文化がある。
手つかずに見える自然であっても、
そこにはつねに古いものと新しいものとが混在している。
ハワイの人たちはそのことをとても大切にする。
神と自然、神と人、自然と人とが深くつながっていると信じているから、
人と人も森羅万象を通じてつながると考えている。
ハワイで心が洗われるのは、そのような調和を受け取るからに他ならない。

２０１８年３月　近藤純夫

マウイ島

P.74-75　EF17-35mm (17mm), 1/180, f/9.5, ISO100, 5D2

P.78-79　EF24-70mm (24mm), 1/160, f/8.0, ISO200, 5D2

P.82-83　EF24-70mm (24mm), 1/320, f/11, ISO200, 5D2

P.86-87　EF24-70mm (50mm), 1/250, f/11, ISO400, 1Dx

P.90-91　EF24-70mm (70mm), 1/500, f/8.0, ISO200, 5D2

ハワイ島

P.98-99　EF24-70mm (27mm), 1/2000, f/5.6, ISO200, 1D2

P.102-103　EF100-400mm (278mm), 1/25, f/5.6, ISO6400, 1Dx2

P.106-107　EF24-70mm (28mm), 4, f/16, ISO200, 1Dx

P.110-111　EF70-200mm (200mm), 1/5000, f/4.0, 5D2

P.114-115　EF24-70mm (24mm), 1/60, f/11, ISO200, 1Dx

P.118-119　DG70-300 (300mm), 1/200, f/5.6, K-r

P.122-123　EF24-70mm (25mm), 1/40, f/4.0, 5D2

P.126-127　DG14mm, 13, f/1.8, 1Dx2

モロカイ島・ラナイ島

P.134-135　EF24-70mm (64mm), 1/500, f11, ISO200, 1D2

P.138-139　EF24-70mm (70mm), 1/500, f/3.5, ISO200, 5D2

P.142-143　EF24-70mm (70mm), 1/30, f/2.8, ISO1600, 5D2

P.146-147　EF24-70mm (24mm), 1/80, f/11, ISO200, 5D2

カメラ：　Canon EOS-1 Dx / EOS-1 Dx2 / EOS 1D2 / EOS 7D / EOS 7D2

レンズ：　EF11-24mm f/4.0, EF16-35mm f/4.0, EF14mm f/2.8, DG14mm f1.8, EF24-70mm f/2.8, EF24-70mm Macro f/4.0, EF50mm f/1.4, EF70-200mm f/4.0, EF70-200mm f/2.8, EF100mm Macro, EF100-400mm f/4.0-5.6, EXTENDER EF1.4×III

機材データと撮影情報 EXIF Data

巻頭・巻末

P.1	残照を覆って夜の帷が降り、月と金星と木星が並ぶ
	EF14mm, 15sec, f/2.8, ISO1600, 5D2
P.2-3	干潟の虫を探すアエオと、水に映りこんだ虹の重なり
	EF24-70mm (70mm), 1/125, f/11, ISO200, 5D2
P.4	盛大に噴煙を上げるハレマウマウ・クレーター
	EF24-70mm (70mm), 1/4000, f/4.0, ISO800, 1Dx
P.5	海風が洞穴を通り抜けると天の声が聞こえるという奇岩
	EF24-70mm, 1/2000, f/4.5, ISO800
P.6-7	一帯を覆いつくす溶岩大地の先にマウナ・ケアが浮かぶ
	DG14mm, 0.8sec, f/2.0, ISO800, 1Dx2
P.8	海の先のラナイ島に日が沈み、黄金色の残照が広がる
	EF24-70mm (68mm), f/4.0, ISO400, 5D2
P.150-151	夢の日々が幕を閉じる。A hui hou! また会う日まで
	EF16-35mm (35mm), 1/1000, f/8.0, ISO200, 1Dx2

オアフ島

P.22-23	EF16-35mm (35mm), 1/400, f/8.0 ISO400, 1Dx2
P.26-27	EF24-70mm (26mm), 1/45, f/8.0, ISO3200, 1Dx
P.30-31	EF24-70mm (24mm), 1/250, f/8.0, ISO400, 1Dx2
P.34-35	EF17-40mm (17mm), 1/2000, f/4.0, ISO200, 5D2
P.38-39	EF17-40mm (25mm), 1/1000, f/8.0, ISO200, 5D2
P.42	EF24-105mm (56mm), 1/500, f/10, ISO64000, 1Dx2
P.43	Vario-Sonnar T 10.4-37.1mm (10.4mm) 1/40, f/5.6, ISO160, RX100M2

カウアイ島

P.50-51	EF24-70mm (27mm), 1/2000, f/6.7, ISO200, 1Dx
P.54-55	EF24-70mm (70mm), 1/1500, f6.7, ISO800, 1Dx
P.58-59	EF24-70mm (46mm), 1/250, f/6.3, ISO400, 5D2
P.62-63	EF24-70mm (25mm), 1/180, f/3.5, ISO800, 7D
P.66-67	EF14mm, 1/90, f/19, ISO400, 1Dx

近藤純夫　*Sumio Kondo*

1952年札幌市生まれ。写真家、エッセイスト、翻訳家。2000年頃まで冒険家、探検家として世界の洞窟や火山を調査。その経験を踏まえ、ハワイの自然や歴史にせまった本を多数世に送り出す。ハワイ火山国立公園アドバイザリー・スタッフ、日本洞窟学会会員、日本エコツーリズムセンター評議員。

主な著書に『もっと深く』（岩波書店）、『ハワイBOXフラの本』（講談社）、『ハワイ・ブック』『ハワイアン・ガーデン』『ハワイ・トレッキング』（以上、平凡社）、『歩きたくなるHawaii』（小社刊）、翻訳書に『イザベラ・バードのハワイ紀行』（平凡社）、『荒ぶる地球』（岩波書店）などがある。

撮《と》りたくなるハワイ

2018年5月12日　第1版第1刷　発行

著　者　近藤純夫

発行所　株式会社亜紀書房
〒101-0051
東京都千代田区神田神保町1-32
電話　(03) 5280-0261
http://www.akishobo.com
振替　00100-9-144037

デザイン　APRON（植草可純、前田歩来）
イラスト　酒井真織

印　刷　株式会社トライ
http://www.try-sky.com

ISBN978-4-7505-1542-7